房不胜防

王佳红　王玉臣　吴海雷　著

哈尔滨工程大学出版社

Harbin Engineering University Press

图书在版编目(CIP)数据

房不胜防 / 王佳红，王玉臣，吴海雷著. —哈尔滨：
哈尔滨工程大学出版社，2018.4
ISBN 978 - 7 - 5661 - 1867 - 7

Ⅰ. ①房… Ⅱ. ①王… ②王… ③吴… Ⅲ. ①房地产
- 民事纠纷 - 案例 - 中国　Ⅳ. ①D922.181.5

中国版本图书馆 CIP 数据核字(2018)第 048956 号

选题策划　张玮琪
责任编辑　王洪菲
封面设计　刘长友

出版发行　哈尔滨工程大学出版社
社　　址　哈尔滨市南岗区南通大街 145 号
邮政编码　150001
发行电话　0451 - 82519328
传　　真　0451 - 82519699
经　　销　新华书店
印　　刷　哈尔滨市石桥印务有限公司
开　　本　787 mm×1 092 mm　1/16
印　　张　20.5
字　　数　210 千字
版　　次　2018 年 4 月第 1 版
印　　次　2018 年 4 月第 1 次印刷
定　　价　59.80 元
http://www.hrbeupress.com
E-mail：heupress@ hrbeu.edu.cn

房产纠纷那些事儿

——用文字留住时间

　　当笔者开始写这篇序的时候，窗外是和去年写作本书时一样的天寒地冻。犹记得去年此时，笔者开完一场父子之间因借名买房而产生纠纷的庭审，由于发生时间较久，加之证据的缺失，导致案件的审理困难重重。在法庭上，父子、婆媳、夫妻乃至整个家庭关系都变得剑拔弩张。

　　走出法庭，望着一家人在相互怒骂中走向不同的方向，笔者知道，无论案件最终的结果如何，和睦的家庭注定已失去。午后，和煦的阳光照在法院门口的阶梯上，映射在笔者脸庞，在寒风中，一个念头闪过脑海，有些东西我要留住，往者不可谏，来者犹可追。

　　笔者主要在房产法律服务领域执业，承办过数百件商品房、二手房、分家析产、婚姻、物业、业委会、拆迁和集团诉讼等案件，也因此接触了百态人生。特别在高房价的今天，一幢房屋可谓演绎出了整个人生的跌宕起伏，一幢房屋便是一个舞台，笔者作为舞台剧中的参与者，觉得舞台剧不应当曲终人散，不应当仅仅停留在冷冰冰的判决书上，无论成败，舞台剧自有它的温暖，自有它的精彩，笔者愿用笔记录它。

如何将舞台剧展现给读者，如何将冷冰冰的判决书变得有温度，笔者想起了当年明月写的《明朝那些事儿》，枯燥的历史在当年明月笔下变得活泼可爱。与法律本身相比，历史更应严谨，笔者在保持文字的严谨性下，尽量增加本书的可读性，将法律灵动和温暖的一面展示给读者，让读者特别是普通百姓也能够有兴趣读，并且能够读得懂，法律本来就来源于生活，也应当归于生活。

相比于其他法律类图书，本书一大特色便是通过笔者作为承办律师的第一视角，将整个案件的承办过程全方位展示，读者跟随笔者的第一视角，可以真切感受到整个案件的跌宕起伏，犹如亲身参与。本书案例来源于笔者承办过的数百件以房产为主的真实案件，笔者挑选了几十个不同类型的典型案件进行编写，为了案件保密和编写需要，对案件进行了适当的改编与内容上的增减，有成功的案例，也有失败的案例，成功案例有其值得借鉴的地方，失败案例也有值得我们从中吸取教训的价值。

随着互联网的发展，各类信息内容呈指数爆炸式增长，读者面对泛滥的信息内容甚至无从选择，笔者深知这个时代不缺乏信息内容，缺乏的是高质量的内容。笔者写作本书也秉持用文字留住时间的态度，不哗众取宠，不滥竽充数，将干货写出，从第一

房不胜防

稿到最终的定稿，笔者删减了近五分之一的内容，力求精简并将最有价值的内容呈献给读者。

在结构上，每篇文章分为编前、办案回眸、办案解析、编后和法条链接五大部分。编前部分主要是对案件背景及类型做一下介绍，让读者了解本篇主要讲了什么事。办案回眸部分是整篇文章的核心，根据案件的发展又分为几个不同的小部分，讲述了案件的发生、发展及结果，在其中包含着笔者在案件不同阶段的分析、各方当事人的不同心态及主张、各种谈判及诉讼策略、法院最终的谈判，通过不同角度全景式展现整个案件面貌。办案解析部分主要是对办案回眸部分中一些基本法律概念、谈判诉讼策略、成功与失败地方的总结及解释。编后部分主要是对案件的一个回顾，特别是对于除了法律知识外的一种认识和感悟。鉴于篇幅原因，笔者在法条链接部分列出了案件中涉及的最重要的几个法条，让读者能够方便地找到关键法条依据。

本书对于普通百姓和法律从业者均适用，普通百姓可以从书中获得房产法律知识：通过书中的案例或是曾经或将要经历的事情，吸取其中的经验，或许就可以避免纠纷的发生；也可以在纠纷发生后，通过从本书获取的处理方法，最优地解决纠纷。对于法律从业者，特别是想从事房产法律服务的律师或将要踏上法律职业的新人，可以从本书获取处理各种房产纠纷的法律经验。未来，随着房产交易市场的完善，房产法律服务也将越来越专业，也希望通过本书，越来越多有志者踏上专业化之路。

逝者如斯夫，不舍昼夜，一年转眼即逝，在这一年中，在繁忙的工作间隙，一字一字敲击，一篇一篇汇成。其间也因工作繁忙多次想放弃写作，但总会想起那个开庭的午后，有些东西不应当随风而逝，无论成败，它都成了这个时代的脉搏，用文字将其留下，分享给读者，愿您从中收获一二。

王佳红

2018 年 1 月

房不胜防

目　录

房 不 胜 防

前有伏兵，后有追击
——"一房二卖"逃出险境

编前

笔者执业以来，承办过数以百计的房产纠纷案件，其中包括多起"一房二卖"案件。但下文讲述的，是笔者代理过最惊险的"一房二卖"案件，本案如同惊险探案小说，充满了蛰伏、等待、引诱和出击，谈判桌上的微笑背后，充满杀气。卖家、第一买家和第二买家，在混战中都在寻找对自己最有利的局势，以获取最大利益。作为处于非常不利的地位的卖家代理人，笔者除提供法律服务之外，更要顶住瞬息万变的局势带来的压力，帮助卖家顺利突围。如今回眸，依然心有余悸，如果当时错失一个机会，或许本案就是另外一种结果。

办案回眸

（一）"一房二卖"，陷于困境

2016 年 8 月的一天，笔者接到刘先生打来的电话。刚接电话，刘先生就急切地说"都怪我贪心，我这卖房出了大事，现在里外不是人，前边堵，后边追，闹心得觉都睡不着"。笔者一听"卖房""前边堵，后边追"，心想这肯定又是个"一房二卖"案件，笔者让刘先生稳定下情绪，慢点说。刘先生缓了缓，给笔者讲述了事件的来龙去脉。

刘先生在北京有两套房子，其中一套位于海淀区，随着北京2016年上半年房价的上涨，刘先生寻思趁着房价上涨，出售一套房子，将其换成资金用于投资。于是，刘先生将房屋委托给中介公司挂牌出售，房价780万元。

挂牌不久，刘先生就接到一个电话，对方说看上了房屋，不需要还价。于是刘先生和对方见了面，果真，对方没有还价，其他也都谈得来。第二天，在对方找了一个小中介后，刘先生就与对方签订了合同，当场收了对方15万元定金。

刘先生签订合同一周后，之前将房屋挂牌的中介告诉他，已有人看上了房屋。刘先生说现在不想卖了，中介说对方可以涨价，经过中介来回撮合，最终房价涨到820万元。刘先生心里动摇了，但因之前已签了合同，为了稳妥，刘先生又咨询了律师，该律师回答可以和第二买家签约，最坏结果不过就是双倍返还第一买家的定金。刘先生盘算了一下，稳赚不赔，于是隐瞒已经签约的事实，又和第二买家签订了合同，并收了其2万元定金。

刘先生与第二买家签约的当天晚上，就告诉第一买家，因家里人不同意卖房，不想继续履行合同。第一买家听了之后，大为

房不胜防

恼火，一边大骂刘先生不讲信用，一边表示就想要房屋，要不就由刘先生支付房价20%的违约金。刘先生听了之后，心里咯噔一下，房价20%的违约金，不可能吧。刘先生怀着忐忑的心情，又多咨询了几位律师，律师均答复这是有可能的，刘先生顿时慌了，于是出现了前文的那一幕——急切地咨询笔者的电话。

（二）稳住第一买家，告知第二买家

电话咨询后的第二天，笔者见了刘先生夫妻，黑眼圈明显，可见夫妻俩应是昨晚没睡好。笔者安慰了夫妻俩，又问了一些细节，看了下合同，然后给夫妻俩分析了现在的局势。

首先，刘先生已构成"一房二卖"，这无论对于第一买家还是第二买家，在后续的交易中都有可能构成违约。其次，依据合同，如想要解约并不是双倍返还定金这么简单，两份合同约定的都是房价20%的违约金。依据笔者近期代理的案件判决来看，针对当年因北京房价上涨过快，出卖人集中违约情形，许多法院都倾向判决支付高比例违约金，以此来遏制违约风气，平衡利益。最后，更重要的是合同是否履行，主动权在于买家，并不是出卖人仅仅支付违约金就可以解除，所以最坏结果可能是合同继续履行，而且还要支付违约金。

夫妻俩听完笔者分析，更加失落，用急切的目光看着笔者，希望笔者能够帮他们走出困境。笔者告诉他们，现在局势的确不是很乐观，但也并非完全陷于困境，至少可以采取补救措施，来

减轻自己违约责任，创造机会，来和对方周旋。

笔者建议如下。首先，你们已告诉第一买家不想卖房，这一点非常不利，现在要采取补救措施，争取把第一买家稳住，留出回旋余地，减轻违约责任。具体来说，第一，告知第一买家，说你们家里人经重新协商，又同意出卖房屋，但鉴于当时找的小中介所签订的合同不规范，希望双方见面再沟通一下。第二，告知中介，你们这边已经准备好房屋核验手续，希望中介尽快办理房屋核验。因根据合同约定，只要房屋核验通过，对方就要支付首付款 100 万元。但因之前你们已告知对方房屋不卖的信息，对方已对你们不信任，所以可能在房屋核验通过后，对方不会贸然打款，这样就可以让对方处于违约状态。另外，你们主动要求房屋核验，也可证明你们是积极履行合同，减轻违约责任。

其次，针对第二买家，趁着对方还没有将剩余 48 万元定金打过来的时机，今天就告知对方。一是，表达歉意。二是，说明一下，因之前房屋已经签约，如今产生了纠纷，可能影响双方合同履行，望对方充分考虑风险，防止风险扩大。三是，如对方考虑风险后，依然要履行合同，你们表态只要解决与第一买家的纠纷，合同便可以继续履行。四是，希望与对方见面沟通一下。通过告知上述情况，以此来履行你们告知义务，防止对方损失扩大，因为签约第二天就告知对方情况，这样即使对方后边主张追究违约责任，你们也可以履行了告知义务来抗辩，没有令对方产生损失，可减轻违约责任。另外，鉴于此，对方应该也不会贸然将剩余 48

房不胜防

万元定金打过来，因此也可以阻止你们违约程度的增加。

笔者给夫妻俩起草了上述文书并发出后，已是晚上十点，窗外的城市早已灯火辉煌。笔者知道，这仅仅是一个开始，在这复杂的形势中，必须抓住每一个转瞬即逝的机会，给委托人创造尽量多的有利条件，长夜将至，从此刻开始守望。

（三）"引诱"第一买家，取证第二买家

刘先生完成上述事情之后，等待回应。第一买家没有任何回应，第二买家非常生气，要求见面谈，于是刘先生与第二买家在中介的组织下，在茶楼里进行了一场谈判。

关于谈判方案，笔者将其定为十六字：友善姿态，争取谅解，告知事实，固定成果。本次谈判的主要目的：一是，进一步履行告知义务，并且进一步固定告知证据；二是，利用对方现在还未与刘先生完全反目成敌的间隙，尝试将解决方案固定。

笔者以刘先生的一个懂法律的朋友的身份，陪同刘先生参与谈判。双方一见面，刘先生便表达了深深的歉意，并希望和对方将合同继续履行下去，但因牵扯到第一买家，其中充满风险，所以要提前把风险说明，让对方充分知情，也好及时做出其他选择。由于刘先生态度诚恳，对方的对立态度开始缓和，对方的反应如之前所料：鉴于目前的情况，暂时不会将剩余 48 万元定金打过来，要等刘先生与第一买家的纠纷有结果后，才能进行下一步。听到这里，笔者心里舒了一口气，心想初步目标实现。后边谈到，

如果双方的合同难以继续履行该如何处理，这也是最棘手的问题。由于笔者在之前的谈话中向对方表达过，刘先生愿意双倍返还定金给第一买家，以此来解除第一份合同。对方可能受此影响，或之前也认为仅有双倍返还定金的方案，于是表达了如合同不能履行，就双倍返还定金的方案。听到这里，笔者终于放下了心，今天目标完成。对方没有同意对今天协商的结果签订书面协议，可见对方还是抱有一定的警惕性，不过刘先生已全程录音，成果固定。走出茶楼，看一下表，已是晚上十一点，三小时已过，看不见星星的夜空，其实也有点灿烂。

第二买家暂时稳住了，剩下便是如何解决与第一买家的纠纷，此时，第一买家任何消息不回，电话不接，沉默的对手往往最可怕。对方沉默，但刘先生不能按兵不动，必须要了解对方下一步举动，时间拖得越长，对刘先生越不利。房屋核验通过后，刘先生第一时间将消息告知对方，3天之后，对方未将100万首付款打过来，又过了15天，对方依然未有任何答复，根据合同，此时刘先生拥有合同解除权。为进一步施压，笔者起草了律师函，函告对方，根据合同，首付款已经逾期，刘先生有权解除合同，现保留解除合同的权利，希望与对方见面商谈。对方签收了律师函，但依然未有任何回复，刘先生也以自己的名义发了几次告知函，希望和对方见面沟通，但对方均没有任何回应。

（四）暗度陈仓，相见法庭

第一买家长时间的沉默，让笔者意识到对方可能已经起诉，

房不胜防

只不过法院还未将信息送达刘先生，所以不能坐以待毙，必须主动出击。另外，第二买家也一直不停地催促刘先生，要求刘先生尽快将其与第一买家的纠纷做个了结，给其一个明确答复。

为争取主动权，笔者让刘先生去法院查询其涉诉情况，果不其然，半个月之前，第一买家已经起诉刘先生，笔者联系了法官，要求领取起诉状。笔者在法庭的书记员处领取了起诉状，其中诉讼请求只要求双倍返还定金共计 30 万元，请求金额这么低，笔者有点不敢相信。往下看，事实和理由部分，对方竟然知道刘先生又将房屋出卖的事实，笔者心想，这下更被动了。更让笔者震惊的是书记员告诉笔者的情况：法院根据对方的调查取证申请，已将刘先生与第二买家的合同调取到。

笔者根据经验判断，对方请求金额不应该这么低，可能是为了在立案时少交诉讼费，而故意少写请求金额，立案之后再向法院申请调取证据，证据调取后，再增加请求金额，可见对方背后也有高人指点。

经过与刘先生的沟通，我们决定答复对方可以返还定金 15 万元，以试探对方的要求。果不其然，书记员答复，对方不同意，并要求增加请求金额，案件陷入僵局。

为了安抚第二买家，刘先生把第一买家已将自己告上法庭的事实告知第二买家，充满猜疑的第二买家竟主动联系审判法官，要求开庭时旁听。

（五）主动出击，提起反诉

目前的局势，可谓险象环生，第一买家手握第二份合同，坐地起价，第二买家心存猜疑，要求旁听。处于被双面夹击的刘先生，只有主动出击，彻底摊牌，放手一搏。

针对第一买家，笔者给刘先生的建议如下。首先，根据对方的解除合同请求，并且长时间保持沉默的情况，猜测对方已经购买其他房屋，可以核实一下这个情况。其次，提起反诉，要求对方支付逾期付款违约金，表明立场。最后，对第二份合同予以承认，并表明虽然签订了第二份合同，但签订后第二天便已中止履行，等待与第一买家的协商结果，也以此向法官表明两份合同差价为 40 万元，即使判令付违约金也不应该以房价的 20% 进行计算，而应以 40 万元差价为基础进行计算。

针对第二买家，告知目前的涉诉情况，不是刘先生不想履行合同，而是因第一买家已经起诉，所以实在难以继续履行合同。另外，第一买家在一审辩论终结前，可能随时变更诉讼请求，其完全可以变更要求而继续履行合同，所以在此过程中充满不确定性，根本无法保障继续履行与第二买家的合同。只有完全解决与第一买家的纠纷，合同才可以确定履行下去，并且告知一审、二审的审判期限可能很长，也让对方做好购买其他房屋的准备。

刘先生紧锣密鼓地收集证据，做好准备，果不其然，查到第一买家在刘先生告知其房屋不卖之后，便已另行购买了其他房屋，而本次诉讼就冲着违约金而来。这也为刘先生的诉讼方案指明了方向，刘先生可以更确定地表态合同可以继续履行，而对方则不希望继续履行。

经过漫长的等待，终于开庭，果然，第一买家变更诉讼请求，要求返还定金 15 万元，并支付违约金 120 万元。当天，刘先生提出了反诉，要求对方支付逾期付款违约金 90 万元，并且提交了对方已另行买房的证据。法官根据双方提供的证据，主张双方进行调解。

针对调解，笔者综合整个案情，给刘先生提供如下建议。一是，向法官及第一买家表明，如对方想要房屋，那么合同可以继续履行。二是，如对方不想继续履行合同，刘先生可以适当支付违约金，建议在 10 万至 20 万元之间。

上述建议基于如下考虑。第一，主要向法官表明刘先生的立场，合同仍然可以继续履行，不存在障碍，以此来获得法官的认可。第二，刘先生的确存在一定的违约行为，如果双方不进行调解，直接让法官判决的话，也存在风险，所以只要违约金适当，综合来看，刘先生是可以接受的。

刘先生接受了笔者的建议，将调解方案告诉法官。对方看到刘先生提起反诉及证据，心理预期也有了松动。既然双方都有调解意向，经法官多轮调解，最终以两份合同的房价差价 40 万元为基础，衡量各方过错程度，达成调解书，刘先生返还对方定金 15 万元，并支付违约金 15 万元，共计 30 万元。

笔者认为，综合双方证据，虽然在一定程度上对方也存在违约行为，但刘先生一方违约在先，并且第二份合同已被法院调取，这一事实是确定的。关于违约金金额，基本会以两份合同的房价差价40万元为基础，经调解支付15万元也是可以接受的。

（六）第二买家，要违约金

刘先生与第一买家的纠纷以签订调解书结束，接下来就是准备与第二买家继续履行合同，然而意外的是，第二买家却不想继续履行合同，要求支付违约金。

针对对方态度大转变的情况，经再次打听，才得知对方因等不及，已购买了其他房屋。刘先生拿出之前达成协议的录音，面对录音，对方也不好意思再提要求，最终刘先生只是双倍返还定金，双方解除合同。

至此，"一房二卖"纠纷彻底解决，此时房价已从780万元涨到870万元，虽然刘先生付出一定的违约金，但因房屋上涨而获得的利益已远远超过损失，折腾一番，最后刘先生反倒获得了很大利益，或许这也是一个意外的结果吧。

办案解析

（一）合同解除权

在房屋买卖合同纠纷中，根据《北京市高级人民法院关于审

房不胜防

理房屋买卖合同纠纷案件适用法律若干问题的指导意见（试行)》规定，如果仅是出卖人违约，则不是出卖人愿意支付违约金，就可以解除合同的，解除合同的主动权，掌握在买受人手里。

对于上述规定，不仅一些普通老百姓不知道，一些律师也存在一定盲区。在实践中，只要在法院判决之前，买受人能够证明其具有一次性支付全部房款的能力，法院就可以判令合同继续履行，所以主动权在买受人，出卖人在违约之前，能够了解这一点，或许可以更理性一些。

（二）违约金

在房屋买卖合同纠纷中，如果仅是出卖人违约，那么出卖人解除合同并不只是双倍返还定金这么简单，是双倍返还定金还是支付违约金，选择权在买受人手里。如果是买受人违约，也是同样的道理。

在本案中，如果在刘先生咨询律师时，律师能够明确告知他解除合同后的结果不是双倍返还定金这么简单，而是买受人既可以要求双倍返还定金，也可以要求支付合同中约定的房价的20%的违约金，或许本案中的刘先生在了解其中的风险后，衡量得失，就不会二次出卖房屋了。

对于第二买家，如果也清楚这一点，那么就不会轻易达成双倍返还定金的协议，如果坚持要求支付违约金，本案的结果也不会这么简单。

另外，随着房价上涨，会出现出卖人集中违约的情况，为了遏制这种违约风气，平衡利益，法院在计算违约金比例时，也会以房屋上涨的差价为基础，支持约定的高比例违约金，甚至可以超过约定的违约金，以房屋上涨的差价和买受人的损失为赔偿依据。

除了上述解除合同的主动权，以及选择定金还是违约金的主动权在买受人以外，买受人也可以同时主张继续履行合同和支付违约金，而这对于出卖人可谓是赔了夫人又折兵。

（三）抓住时机

本案最终能够取得满意的结果，也主要是抓住了几个时间节点，如果当时未能抓住这些时间节点，或许本案就是另外一种结果。

如在本案中抓住的第一个时间节点，是刘先生与第二买家签订合同的第二天，在第二买家还未支付剩余48万元定金之前，就明确告知第二买家本次交易的风险，从而履行告知义务，这也在一定程度上阻止了第二买家支付剩余定金的行为。试想一下，如果没有在第一时间向第二买家告知交易风险，导致第二买家支付了48万元的剩余定金，那么后续第二买家要求返还双倍定金或支付违约金时，将使刘先生陷于更加困难的境地。

本案中抓住的第二个时间节点，是在第一买家未有任何答复期间，刘先生就积极推动房屋核验，要求继续履行合同，并且要求见面沟通，促进交易，从而减轻自己的违约责任，并且将违约责任转嫁给对方，为以后提出反诉做好准备。

（四）巧取证据，固定结果

法官审理案件时，最看重的就是证据，所以在交易过程中，不能口说无凭，要尽量固定证据。本案中，针对与第二买家达成协议的过程进行了录音，固定了证据，从而在后期对方反悔的情况下，可以轻而易举地拿出证据，打消对方反悔的念头。

笔者对于本案中第一买家代理人设计巧妙的诉讼请求，低费用立案，立案后向法院申请调取第二份合同，法院调取合同后使本案证据充足，然后增加诉讼请求，这使作为同行的笔者对其非常敬佩，棋逢对手也是一种乐趣。

（五）主动出击，以打促谈

在实践中，许多出卖人违约后，就是各种不作为，如玩儿失踪、拒绝办理网签、拒绝办理房屋核验、拒绝收款、拒绝过户等，消极地等待对方起诉。这种消极的等待不仅不利于事情的解决，反倒会使自己处于更加不利的地位。本案中，刘先生在违约之后，没有消极等待，在笔者的指导下积极主动地应对，主动出击，最终取得了好的结果。

由于篇幅所限,笔者在"办案回眸"中,已尽量将一些情节简化,真实的情节更加复杂,例如和第二买家的谈判不止一次,而是多达五次,最终才得以固定证据。如今复盘整个过程,犹如走钢丝一般,稍不留神就可能跌入悬崖。虽然最终结果也算圆满,但笔者深知,除了依靠人力之外,也多亏本案遇到种种天时地利。最后,从结果来看,作为违约方的刘先生,反倒获得较大利益,但笔者还是建议,作为出卖人应依约而行,不要贪心于"一房二卖",从大数据来看,"一房二卖"的结果对于出卖人来说往往也是很惨重的。

法条链接

《中华人民共和国合同法》

第一百零七条 当事人一方不履行合同义务或者履行合同义务不符合约定的,应当承担继续履行、采取补救措施或者赔偿损失等违约责任。

第一百一十四条 当事人可以约定一方违约时应当根据违约情况向对方支付一定数额的违约金,也可以约定因违约产生的损失赔偿额的计算方法。约定的违约金低于造成的损失的,当事人可以请求人民法院或者仲裁机构予以增加;约定的违约金过分高于造成的损失的,当事人可以请求人民法院或者仲裁机构予以适当减少。当事人就迟延履行约定违约金的，违约方支付违约金后，还应当履行债务。

第一百一十五条　当事人可以依照《中华人民共和国担保法》约定一方向对方给付定金作为债权的担保。债务人履行债务后，定金应当抵作价款或者收回。给付定金的一方不履行约定的债务的，无权要求返还定金；收受定金的一方不履行约定的债务的，应当双倍返还定金。

第一百一十六条　当事人既约定违约金，又约定定金的，一方违约时，对方可以选择适用违约金或者定金条款。

《最高人民法院关于审理买卖合同纠纷案件适用法律问题的解释》

第二十八条　买卖合同约定的定金不足以弥补一方违约造成的损失，对方请求赔偿超过定金部分的损失的，人民法院可以并处，但定金和损失赔偿的数额总和不应高于因违约造成的损失。

第三十条　买卖合同当事人一方违约造成对方损失，对方对损失的发生也有过错，违约方主张扣减相应的损失赔偿额的，人民法院应予支持。

雾霾重重
——寻找消失的老宅

编前

笔者写此文时，窗外的北京正是雾霾严重的天气，天灰蒙蒙，不远处的高楼若隐若现，高楼低处几间低矮的平房已经完全消失在雾霾中。此情此景，犹如下文要介绍的案件，一栋老宅，有一天突然消失了，房屋主人开始了漫长的寻房之路，公安局、房管局、拆迁公司……穿越种种迷雾，寻找那消失的老宅。

办案回眸

（一）消失的老宅

2015 年春节过后不久，笔者的一个老客户尹老先生打来电话，说有事情相求。笔者听尹老先生简单介绍了案情：尹老先生与哥哥、妹妹三人一起继承的其父母位于西城区的一栋老宅面临拆迁，但夫妻俩均已去世，但有一独生子，也就是尹老先生的侄子尹小某，而尹老先生的妹妹尹女士居住在天津，兄妹俩平时不在老宅居住，只是偶尔回去看看，所以将与拆迁公司谈判补偿等事宜授权给了尹小某。

每逢佳节倍思亲，春节过后，尹老先生想回老宅看看，在孩子的陪同下，尹老先生回到老宅所在位置，然而映入眼帘的却是一堆砖瓦。尹老先生向周围邻居打听到，几天前，一群不明身份的人把房屋拆除了，邻居们以为尹老先生已经签了补偿协议把房屋交付了。尹老先生一听就急了，自己根本没有签订补偿协议，于是赶紧去拆迁公司确认，拆迁公司工作人员不清楚具体情况，要请示领导，目前领导休假还没有上班，也不确定什么时间上班。

尹老先生询问了房屋另外两位共同所有权人，尹女士及尹小某，两人均答复对此事一无所知，问了一圈，依然一无所获。站在废墟旁，尹老先生回忆起在此度过的美好时光，睡过的炕、挖过的井，如今都化为乌有，尹老先生心想无论如何要把这件事弄清楚。

（二）公安局报案，房管局查处

尹老先生在孩子的陪同下来到律所，又和笔者详细讲述了案情，笔者根据尹老先生的讲述进行了初步的分析。

笔者认为，房屋被列入拆迁房屋范围，根据邻居所见与拆迁公司模棱两可的回答，以及另外两位房屋共同所有权人也均不知情的情况来判断，很有可能是房屋被强拆了。

对于这类房屋被强拆案件，前期最重要的是取证，为后期维权做好准备。对于取证，需要做如下几点。一是，向公安局发立案申请书，向公安局申请对这种强拆房屋的违法行为进行受案查处，从中获得证据。二是，向房管局发违法拆迁查处申请书，对于这种拆迁过程中房屋被强拆的违法行为，除了公安局具有查处职责之外，作为主管拆迁工作的房管局也具有查处的职责。三是，向房管局、国土局、发改委等部门对申请拆迁项目进行信息公开，并对拆迁项目本身进行调查，更全面地了解拆迁项目，为后期维权做好准备。上述三点，主要目的是调查、取证，另外其本身也是对拆迁公司进行的一种施压，便于后期谈判。

尹老先生在上述文书中签字后，笔者将各文书发出，尹老先生离开的时候，一再握着笔者的手，希望笔者能够为他伸张正义。

笔者送走尹老先生，心里知道自己担子很重，笔者专注于房产领域，执业范围主要集中在商品房、二手房、物业管理、业委会、婚姻家庭、拆迁征收等几个方向。这几个方向之间相比较，拆迁征收案件承办思路没有其他几个难，但综合客户预期、办案周期，以及与开发商及政府打交道，此类案件更需要耐力，特别像本案是在房屋被强拆之后才委托给律师，其后期维权将更加困难。笔者想到这里不觉苦笑一声，律师就是帮助委托人解决纠纷的，如果没有困难，又何求于律师呢，让暴风雨来得更猛烈些吧。

（三）起诉公安局

公安局在法定期限内没有给尹老先生任何答复，于是，笔者代理尹老先生提起行政诉讼，立案没多久，公安局就将从拆迁公司调查到的证据提交了。

在公安局获取的证据中，有尹老先生与尹女士一起授权给尹小某的授权委托书、尹小某的声明、拆除房屋同意书、拆迁公司的说明，以及一份补偿金额为120万元的拆迁补偿协议。从上述证据可以看出，尹小某拿着尹老先生与尹女士的授权委托书，已经和拆迁公司签订了拆迁补偿协议。拆迁公司在说明中也指出，他们是在尹小某代理尹老先生与尹女士同意签订补偿协议以及拆除房屋同意书之后，才将房屋拆除，所以是合法拆除。公安局也认定本案属于民事纠纷，建议民事解决。

笔者将上述证据拿给尹老先生时，尹老先生还是不相信，立刻给尹小某打电话，这次尹小某不像之前那样矢口否认，而是坚持说只是签了属于自己房屋份额的补偿协议，没有签房屋其他份额的，说完直接挂了电话，再也打不通。这下尹老先生终于认清了事实，笔者安抚老人后，分析了目前的情况。

首先，根据从公安局得到的证据初步确定本案不是强拆案件，而是尹小某拿着尹老先生和尹女士的授权，与拆迁公司签订了拆迁补偿协议，拆迁公司才拆除了房屋。其次，事实上尹老先生和尹女士也的确是给了尹小某授权委托书，但是授权的内容仅为前往谈判拆迁补偿事宜，但其是否包括签订补偿协议这个约定不明确，所以可能是尹小某利用这个漏洞，代理尹老先生和尹女士签订了拆迁补偿协议。最后，应该还存在其他的拆迁补偿协议，房屋位于寸土寸金的二环内的西城区，120 多平方米的平房不可能仅补偿 120 万元，所以应该还有其他的协议，拆迁公司没有向公安局提供。

根据新的情况，笔者的下一步建议如下。首先，诉公安局的目的已实现，得到了部分证据，继续诉公安局意义不大，要从中得到其他协议也很困难，所以诉公安局的诉讼可以撤诉。其次，进一步与拆迁公司协商，要求其出示其他协议。再次，向法院起诉，要求认定无权代理尹老先生的尹小某与拆迁公司签订的补偿协议无效，以此来试探拆迁公司及无权代理人的反应，以及争取让法官调取房屋的其他拆迁协议。最后，继续要求房管局对违法拆迁行为进行查处。

在进行上述工作期间，房管局就违法查处申请也给了答复，答复情况与从公安局取得的证据显示一样，并且明确答复尹小某代理尹老先生、尹女士与拆迁公司分别签订了两份拆迁补偿协议，但具体协议内容房管局没有给答复。

笔者认为，下一步的重点就是取得第二份拆迁补偿协议，除了之前通过拆迁公司、法官调取第二份协议之外，再通过信息公开的方式向房管局申请第二份协议。

至此，迷雾已渐渐消散，事实开始还原，不过此时笔者没有一点松了口气的感觉，笔者知道，真正的挑战才刚刚开始，能否得到第二份协议，以及拆迁公司的立场都充满了变数。从目前的情况来看，拆迁公司与尹小某很可能存在不正当利益关系，而这对尹老先生非常不利。

房不胜防

（四）柳暗花明又一村

按照之前的方案，开始了调取第二份协议的漫长道路。不出所料，当笔者陪同尹老先生去拆迁公司要求其出示第二份协议时，拆迁公司根本不予配合，而是一直让尹老先生和尹小某协商，并且表示不存在其他协议。

法院这条路走得也不是很理想，拆迁公司一口咬定第一份协议是和尹小某单独签的，尹老先生没有权利认定该协议无效。笔者向法院申请调取第二份协议，法院也一直未去调取。

调取第二份协议的过程陷入了困境，如果无法得到第二份协议，而仅就第一份协议中的补偿款进行分割，根本就无法保障尹老先生的权利。

正当进退维谷的时候，房管局就信息公开申请给了答复，在房管局的存档资料中有两份协议，但因涉及第三方尹小某和拆迁公司的利益，经向尹小某和拆迁公司征求意见，第三方均答复不同意公开，所以对第二份协议不予公开。

笔者分析了如下几点。首先，房管局的答复虽然没有公开第二份协议，但是进一步明确了该协议的存在，并且房管局已予以保存，完全可以公开，只不过因第三方不同意，所以没有公开。其次，房管局的答复虽然没有公开第二份协议，但是留下了一定的操作空间，之前笔者最担心的就是房管局答复该协议没有保存，而是建议向第三方申请。最后，针对房管局的答复，对房管局提起行政诉讼，要求其公开第二份协议，理由是尹老先生作为房屋共同所有权人，完全有权利获取该协议，房管局不能以第三方不同意为由拒绝向尹老先生提供该协议。在此前房管局的违法查处答复中，房管局认定了尹小某是受尹老先生的授权而签订的协议，那么作为委托人的尹老先生更有权利获取该协议，根本不需要被委托人同意。

基于上述分析，尹老先生提起诉房管局信息公开的诉讼，面对提交的由房管局提供的违法查处申请答复的证据，房管局最终在法官的主持下，与尹老先生达成了和解，房管局公开第二份协议，尹老先生撤诉。

当尹老先生看到第二份协议中的补偿金额是 3 800 万元时，当场气吐血，笔者和他的孩子一起将其送到医院。在医院里，尹老先生握着笔者的手，虽然他说不出话，但笔者知道尹老先生对自己要说什么。

笔者从医院出来时百感交集，从房屋被拆接受委托，到目前得到第二份协议，近一年的时间，真相终于显露，下一阶段便是最后的攻坚战。

（五）相见法庭

基于已经获取了第二份协议，笔者对尹老先生的建议如下。首先，从房管局获取第二份协议的目的已经实现，并且尹小某和拆迁公司的诉讼策略也已基本获知，可以将诉第一份协议无效的

房不胜防

案件撤诉。其次，对尹小某与拆迁公司签订两份补偿协议予以追认，承认两份协议的合法性，因为如果不追认而重新再向拆迁公司主张补偿事宜，拆迁公司可能会以很低的补偿价格进行补偿，所以不如直接对拆迁协议予以追认后，再要求分割补偿协议获取的利益大。最后，提起共有物分割纠纷诉讼，要求分割两份协议共计3 920万元，尹老先生主张其中的三分之一即1 306万元。

关于共有物分割纠纷诉讼，笔者分析如下。一是，从诉第一份协议无效的案件中，可以看出本案焦点在于两份协议是拆迁公司单独补偿给尹小某一人还是一起补偿给三人。二是，从拆迁协议本身以及拆迁公司一直强调这是给尹小某的个人自建房的使用权补偿，并且拆迁公司拒绝提供一切被拆迁房屋的档案材料的态度来看，拆迁公司可能与尹小某具有不正当利益关系，这对尹老先生非常不利。三是，前期取证过程中，在拆迁公司给公安局的情况说明和房管局的违法查处申请答复中，拆迁公司均表明补偿协议是尹小某获得尹老先生与尹女士的授权下代表三人签订的，补偿款是给三个人共有房屋的补偿，所以本案的重点在于法官对这个问题如何认定。

尹老先生和尹女士一起作为原告将尹小某告上了法庭，提起了共有物分割诉讼。

本案如期开庭，庭上尹小某坚持说两份协议均是单独给尹小某一人的补偿，拆迁公司对此出庭作证。但当笔者拿出拆迁公司向公安局提供的情况说明以及房管局违法查处申请答复两份证据时，明显感觉到被告席上的尹小某一阵慌乱。法官开始询问拆迁公司为何前后表态完全不同，拆迁公司顾左右而言他，无法给出合理的解释。至此，笔者悬着的心渐渐地落下。

庭审结束，虽然笔者认为提交的两份证据已经足够证明两份协议的补偿款是补偿给三人的，但因拆迁公司在庭上的立场，可能导致法官认定的转变，笔者对于最终的结果难以把握。

等待判决书的过程是漫长的，直到一天早上，笔者上班，律所前台发给笔者该案的法院判决书邮件，判决部分内容为尹小某分别付给尹老先生和尹女士各 1 306 万元。当笔者将这个消息告知尹老先生时，电话另外一头的尹老先生已经老泪纵横，历时近一年半，尹老先生终于找回了那个消失的房屋。尹小某不服，提起上诉，二审维持一审判决。

办案解析

（一）多元化方案

本案从接受委托到最终结案历时近一年半，从最初认定为强拆纠纷，到最终的共有物分割纠纷，其中进行了行政与民事的多个诉讼，如果仅从每个诉讼本身来看，其都是简单的诉讼，并没有值得关注的地方。但纵观整个案件可以发现，几个诉讼是相互关联的，前期看似几个简单诉讼，却为后期最终的共有物分割诉讼提供了重要的证据及诉讼策略。

本案在刚接受委托时，只知道房屋被拆，从两眼一抹黑，到最终查明真相，离不开本案的多元方案。在接案时，初步判断是强拆案件，笔者依据行政机关的法定职责，向公安局和房管局提出了对违法行为进行查处的申请，从这两个途径中借助行政机关的力量寻找本案的突破口，获取证据，同时，也给拆迁公司带来压力，以期为此后的谈判做好准备。

本案前期也正是主要依靠着这两个方案的实施，才得以查明房屋不是被强拆，其中的证据也为后期诉讼做好了准备，一定程度上甚至决定了本案的最终结果。回顾本案，如果没有这两个方案的实施，没有借助行政机关的力量，仅仅靠笔者及尹老先生自身的努力，要查明真相，得到证据，这其中的困难是难以想象的。

由于笔者专注于房产领域，房产领域涉及许多行政审批、行政监管，所以在处理案件时，笔者会注意多元化思维的办案。目前，我国政府的行政职责很多，也就意味着许多事情可以求助政府，如果能够利用好这一点，或许就会事半功倍。

（二）多途径取证

如前所述，在本案中设计了多元化方案，在取证的过程中也通过多途径取证，所以本案最终能取胜，主要依靠前期的取证。本案在诉公安局一案中得到的拆迁公司向公安局提供的说明，以及房管局的违法拆迁申请答复两份证据成为后期共有物分割诉讼中关键的证据。

本案中的第二份协议，笔者也是选取了从拆迁公司、法院、房管局等多个途径进行调取，在从拆迁公司、法官调查取证都碰壁的时候，从诉房管局的信息公开一案中获取的第二份协议，使本案出现重大转折。

（三）授权委托书要慎签

本案的纠纷发生的主要原因在于尹老先生和尹女士本意只是委托尹小某代理前期的谈判事宜，并不包括签订拆迁补偿协议，但在授权委托书中所述的授权内容不明确，授权委托书只简单地描述了授权尹小某前往办理拆迁补偿事宜，而这就为尹小某和拆迁公司留下了操作空间。所以授权委托书一定要明确具体的委托事项，或者对一些重要的权利，直接采用排除的方法予以排除，例如不包括某某权利。

另外要经常跟踪监督授权事项，不能认为授权的是亲人便放松了警惕，许多纠纷都是在亲人之间发生。对于重大事项，尽量不要授权他人办理，而要自己亲力亲为，这样才能保障自己的权益。

（四）早析产，确定份额

笔者承办过许多类似案件，兄弟姐妹继承了老宅，但由于碍于情面或者其他原因，没有析产确定各自具体份额，在后期各自

房不胜防

翻建、扩建,等到拆迁时,大家就会对各自的份额产生争议。又利益的驱使下,一个原本和睦的家族就开始为各自的房屋份额进行争夺,甚至尔虞我诈。

笔者建议,当遇到共同继承的情况时,能够析产各自登记的就及时办理析产并各自登记,如果不能办理,则应通过法官判决或调解书确定各自的具体份额,或写一份协议书对各自拥有的房屋份额予以确定,最好用图纸将各自房屋份额的具体位置予以标注,防止后期产生争议。

(五)执着信念

笔者写此文时,手边关于此案的案卷堆满了桌子,其中每个诉讼,甚至每一次较量都可以再写几篇如本文一样的文章,为了行文简练,笔者缩减了大部分情节。除了前文所述调查取证艰难之外,本案仅因管辖权异议问题便多次开庭,在共有物分割纠纷诉讼中,开始法官坚持让尹老先生按 3 920 万元缴纳诉讼费 20 多万元,并且在前期与法官的沟通中,法官多次暗示证据不足,可能交了诉讼费还败诉,这对尹老先生及笔者而言,压力可想而知。

此时,尹老先生及家人也开始动摇是否要坚持诉讼,不过军人出身的尹老先生,在听取笔者客观地分析利弊后,最终决定即使砸锅卖铁也要坚持诉讼。笔者为了诉讼费一事,多次与法官沟通,最终,本案按照 1 306 万元缴纳诉讼费,并且也取得了好的结果。本案的成功,离不开每个参与者的执着信念,试想一下,如果在本案的调查取证过程中笔者动摇了，如果在确定诉讼费用过程中尹老先生动摇了，或许本案就是另外一种结果。

<table>
<tr><td>编

后</td><td>回顾本案，笔者心中感慨万分，案情的发展也出乎笔者预料，一个本来和睦的家族现在也反目为仇。目前，本案正在执行阶段，尹小某仅自动履行了一小部分，剩下的财产都已转移，尹老先生仅有尹小某这一个侄子，以后算是断了亲缘。笔者代理的案件中，见到过许多因拆迁而一夜暴富的情形，如不能妥善处理亲人之间的关系，带来的往往是亲缘的瓦解，引人反思。</td></tr>
</table>

法 条 链 接

《中华人民共和国人民警察法》

第二十一条　人民警察遇到公民人身、财产安全受到侵犯或者处于其他危难情形，应当立即救助；对公民提出解决纠纷的要求，应当给予帮助；对公民的报警案件，应当及时查处。

人民警察应当积极参加抢险救灾和社会公益工作。

《城市房屋拆迁管理条例》

第五条　国务院建设行政主管部门对全国城市房屋拆迁工作实施监督管理。

县级以上地方人民政府负责管理房屋拆迁工作的部门（以下

　　　　　　　　　　　　　　　　　　　房 不 胜 防

简称房屋拆迁管理部门）对本行政区域内的城市房屋拆迁工作实施监督管理。县级以上地方人民政府有关部门应当依照本条例的规定，互相配合，保证房屋拆迁管理工作的顺利进行。

县级以上人民政府工地行政主管部门依照有关法律、行政法规的规定，负责与城市房屋拆迁有关的工地管理工作。

《中华人民共和国政府信息公开条例》

第十三条　除本条例第九条、第十条、第十一条、第十二条规定的行政机关主动公开的政府信息外，公民、法人或者其他组织还可以根据自身生产、生活、科研等特殊需要，向国务院部门、地方各级人民政府及县级以上地方人民政府部门申请获取相关政府信息。

《中华人民共和国合同法》

第四十八条　行为人没有代理权、超越代理权或者代理权终止后以被代理人名义订立的合同，未经被代理人追认，对被代理人不发生效力，由行为人承担责任。

第五十一条　无处分权的人处分他人财产，经权利人追认或者无处分权的人订立合同后取得处分权的，该合同有效。

《中华人民共和国物权法》

第九十七条　处分共有的不动产或者动产以及对共有的不动产或者动产作重大修缮的，应当经占份额三分之二以上的按份共有人或者全体共同共有人同意，但共有人之间另有约定的除外。

第一百零三条　共有人对共有的不动产或者动产没有约定为按份共有或者共同共有，或者约定不明确的，除共有人具有家庭关系等外，视为按份共有。

第一百零四条　按份共有人对共有的不动产或者动产享有的份额，没有约定或者约定不明确的，按照出资额确定；不能确定出资额的，视为等额享有。

房不胜防

说不尽的爱恨
——一场"刀光剑影"的离婚

许多人都看过吴秀波和姚晨主演的电视剧《离婚律师》，剧中两位律师可谓是庭上唇枪舌剑，翻手为云，覆手为雨。笔者的朋友看完后，问笔者现实是否如电视剧所演，笔者哭笑不得。真实的离婚案件中，律师远没有《离婚律师》中那么光彩照人，更多的是深夜接听委托人的电话，白天再从蛛丝马迹中寻找与财产相关的线索，开庭还要和对方斗智斗勇。笔者下文要介绍的案件，便是一场关于孩子抚养权及财产的争夺战，充满了"刀光剑影"。

编前

办 案 回 眸

（一）幸福家庭相似，不幸家庭各不相同

笔者第一次接待郭女士时，郭女士讲起她与丈夫马某的经历，

眼中依然充满幸福。郭女士和马某自由恋爱然后结婚，婚后感情甜蜜，并生有一女儿，两人从外省一起来北京打拼，慢慢地过上了殷实、幸福的生活。

正当二人事业蒸蒸日上的时候，马某喜新厌旧，和自己公司的员工长期保持不正当关系，致使夫妻矛盾不断加深。郭女士看在十几岁女儿的份上一次次原谅对方，但马某却一次又一次地违背承诺，甚至还对郭女士大打出手。双方分居了好多年后，郭女士终于下定决心离婚，马某也同意离婚，但双方对于女儿的抚养权与财产分割有很大争议，无法达成一致。

笔者听完郭女士的讲述，对案件进行了简单的分析，对于离婚这一诉求，对方也同意，所以这一诉求可以获得法院的支持，而案件重要的争议点在于女儿的抚养权和财产的分割。首先，在女儿抚养权上，由于女儿从小一直跟着郭女士生活，特别是分居以来，女儿由郭女士抚养，女儿的意愿也是希望由郭女士抚养，郭女士自身的经济条件完全可以抚养女儿，所以综合来看，法院判女儿的抚养权归郭女士的可能性较大。其次，在财产分割上，双方没有约定归属，对于房产等具有明确登记的财产，容易查清分割。但对于最重要的公司财产，由于在夫妻俩创业成功之后，郭女士将重心放在家庭上，公司的经营主要由马某负责，在分割公司财产时，如果马某不配合，则可能对财产调查不清，难以全面分割。

送走郭女士，笔者结合自己曾经代理的案件，预料到对夫妻共同财产占很大份额的公司财产的分割，将是一场恶战，窗外的北京迎来了入冬的第一场雪。

（二）管辖权移送

笔者和郭女士准备好起诉材料后，向马某的常住地管辖法院——北京市朝阳区法院起诉。立案不久，笔者接到法官电话，说对方提出管辖权异议，将就管辖权异议开庭。

笔者分析，郭女士和马某两人均是某省人，已经在北京打拼数十年，两人的经常居住地均是北京市朝阳区，在朝阳区法院起诉完全符合法律规定。现马某提出管辖权异议，希望把管辖权移送到自己的住所地，可见马某不想将此案放在北京审理，而是要将此案移送到自己住所地法院管辖。郭女士一方要争取将案件留在朝阳区法院审理，不能被移送至外地。

法院单独就管辖权问题开庭，庭上，郭女士只能尽自己所能，提交了登记在马某名下位于北京市房屋的房本，来证明马某现经常居住地是北京，其他证据由于种种客观原因难以取得。马某在庭上却提供了自己住所地社区出具的居住证明，证明马某一直在自己住所地社区居住，并没有其他经常居住地，所以应该由其住所地法院管辖。

虽然郭女士不认同该证据，但法院最终认定了此社区出具的居住证明，裁定案件应该由马某住所地所在法院管辖。郭女士提起了上诉，二审予以驳回，案件被移送至马某住所地所在法院。

说不尽的爱恨——一场"刀光剑影"的离婚

笔者遇到过许多与本案类似的情形，明知与事实不符，但是如果没有确切证据反驳的话，法院不会进行实质审查，只会根据形式上的证据做出认定。窗外，冷风吹个不停，看来本案比想象的更加艰难，未来不知还有多少坎儿。

（三）调查取证

案件被移送到马某住所地法院，郭女士向法院提交调查取证申请书，要求调查马某名下银行账户以及马某作为股东的三家公司财务账簿。三家公司中，其中一家是郭女士和马某分别持股48%和52%，这也是价值最大的一家公司，但由于日常经营都是由马某负责，郭女士对公司的财务情况不清楚，现在马某不予配合，郭女士只能向法院申请调查取证，以便对公司财产进行审计评估。

提交申请后，笔者多次与法官沟通调查取证事宜，法官一直以各种理由推脱，不予调查取证，也不接受对公司资产进行审计。

笔者分析，法官可能与马某已经达成了某种"默契"，法官故意拖着不进行调查取证及资产审计，所以我方要将此事向庭长、院长反映，以此来催促法官进行调查取证及资产审计。

笔者陪同郭女士将上述情况向院长反映，在院长的过问下，法官对马某的一小部分银行账户进行了调查，并向马某发出了资产审计通知。但马某收到资产审计通知后，以种种理由不提供公司的资料，导致资产审计工作陷于停滞状态，法官也不对马某如

房不胜防

不能提供资料则承担不利后果这一事实进行认定。

为了调查取证及资产审计，笔者在北京和某省法院之间奔波多次，面对法官的各种推辞，笔者也越来越清楚当初马某为什么要将案件移送到现在的法院审理。这才是律师真实的工作状态，没有《离婚律师》中的悠然自得，更多的是风尘仆仆。

（四）"图穷匕见"的开庭

调查取证及资产审计迟迟没有动静，但法官已通知开庭，郭女士坚持只有调查取证及资产审计完成后才能开庭，法官最终答应这次仅仅是先针对一些确定的财产开庭，没有调查完的暂时不对其开庭，既然法官如此表态，郭女士也同意开庭。

本案如期开庭，在庭审中马某仅仅提供了公司账簿资料的很少一部分，在郭女士一方坚持在调查取证及资产审计完成前不进行质证的情况下，法官违背了其此前的开庭约定，强行让郭女士质证，还要将开庭程序全部走完，并且在庭审中多次制止郭女士及笔者发言。

见状，笔者请求休庭几分钟，并向郭女士分析了现状。首先，从目前开庭情况来看，法官与马某已达成"默契"，违背了当初开庭的承诺，在资产没有审计完成前，便想走完开庭程序，做出判决。其次，如果在没有对财产调查清楚的情况下，走完开庭程序，做出判决，结果对郭女士会非常不利。最后，针对一审不利的结果，虽然其中有许多违法之处，但二审要改判也很难。

笔者建议如下。第一，今天不能按照法官要求走完庭审流程，必须将庭审中止，以此来防止法官走完程序后做出判决。第二，申请法官回避，此案不能再由该法官审理。第三，将上述情况反映给庭长、院长，乃至上级法院。第四，针对调查取证及资产审计，马某不予配合提供资料，法官也不予调查，郭女士直接申请对三个公司的账簿进行查封，以此来保全证据，也以此来对马某进行施压。第五，针对郭女士和马先生共同作为股东的公司，郭女士以股东身份提起股东知情权诉讼，要求查阅公司账簿等有关资料，看能否从这一途径得到公司账簿，也以此来中止离婚案件的审理。

恢复庭审后，郭女士提出了法官回避申请，并且拒绝进行质证和辩论，同时要求直接见庭长和院长并向其反映情况，庭上变得剑拔弩张，经郭女士及笔者的一再坚持，在庭长的协调下，本案件中止庭审。

走出法庭，望着灰蒙蒙的天空，正如笔者压抑的心情，笔者也曾见过法官明显偏袒一方的情况，但像本案如此明目张胆地偏袒一方的情形很少见，对法官最后的一丝幻想破灭，此后必须进行绝地反击了。

（五）证据保全，股东知情权诉讼

中止庭审的目的已实现，但不可能无限期中止，郭女士也希望将纠纷一次性解决，不想另行起诉进行财产分割，所以必须在下次开庭之前做好充足的准备。郭女士按照之前的方案，开始紧锣密鼓地实施。第一，郭女士多次前往法院见庭长和院长，也将书面材料多次向院长及上级法院反映。第二，向法官提出了证据保全申请，要求对马某有关财产，特别是三个公司的账簿等资料进行查封保全。第三，郭女士以股东的身份提起了股东知情权诉讼，要求查阅公司账簿。

（六）最后的调解

采取上述措施后，本案引起了院长的注意，法官的态度开始转变，大力协调双方，郭女士提出的股东知情权诉讼也给马某带来了很大的压力。

最终，在法官的协调下，马某开始妥协，双方达成调解，并自愿离婚，女儿由郭女士抚养，马某每月支付抚养费，双方各自名下的房产、汽车、存款归各自所有，双方共同所有的公司的股权及马某单独作为股东的两家公司的股权均归马某所有，公司任何债务与郭女士无关，马某就上述股权折价 5 000 万元补偿给郭女士。

调解的主体内容确定后，开始进行调解书的起草。其他内容均很快确定，但关于股权过户及折价的补偿内容，如何履行，孰先孰后等，双方难以达成一致。马某担心支付 5 000 万元后，郭女士不履行过户手续。郭女士担心履行过户手续后，马某不支付5 000 万元。此外，马某提出 5 000 万元只能从双方共有的公司的账户予以支付。双方各不相让，调解书的起草陷于停滞。

笔者分析如下。首先，目前5 000万元的股权折价款已经达到了郭女士的预期，这来之不易的成果要保住，不能仅因为最后履行方式无法达成一致，而功亏一篑。其次，看能否通过其他方式在保障支付安全的情况下，变通支付方式。最后，5 000万元直接从双方共有公司账户支付存在风险，能否采取措施对上述风险进行预防。

笔者建议如下。第一，关于5 000万元股权折价款和股权过户，可以交叉分阶段进行，并且由法院作为中间方进行监督，同时约定高额违约金。第二，关于5 000万元直接从双方共有公司账户支付，这需要与马某、法官协商，必须写书面说明。

在征得郭女士的同意后，笔者与法官、马某进行多次沟通，最终敲定了对5 000万元股权折价款的支付方案。第一，调解书签订之日，马某将3 000万元存放在法院监管账户，调解书生效。第二，调解书生效7日内，郭女士与马某一起准备股权变更手续，手续准备完毕后，马某将剩余2 000万元存放在法院监管账户。第三，郭女士和马某完成工商等部门股权变更的所有手续后，法院将5 000万元转给郭女士。第四，对上述双方履行的义务，约定了高额违约金。另外，调解书签订的同时，法院、马某、公司三者共同就5 000万元从公司账户支付给郭女士的事宜出具说明，排除风险，保障郭女士的利益。

陪同郭女士签订调解书，办理股权变更，最终确认5 000万

房不胜防

元到了郭女士的账户，笔者心中的石头终于落地。在回京的路上，笔者想到此前为了此案在这条路上往返了十余次，案件结束后终于不用再来了，好想大声说一句再见。

办案解析

（一）管辖权异议

办理诉讼案件，第一步就是确定管辖权，管辖权的确定可以有效地防止地方司法保护主义等，但在实践中，对于原告而言，往往存在取证难的问题。在本案中，马某已离开住所地十几年，经常居住地是北京市朝阳区，要想证明上述事实，最有利的证据是提供马某的暂住证，公安或流动人口管理办公室登记的暂住信息，居民委员会、村民委员会或物业公司出具的居住证明等。上述证据如果没有马某的配合，郭女士是很难提供出来的。对于马某自身而言，开具居住证明，甚至是虚假的居住证明却非常容易，本案中马某就轻易提交了假的居住证明，从而达到了管辖权异议的目的。

对于上述困难，除了原告本身要留意相关证据之外，还待有关部门做出具有可操作性的规定，来解决原告举证难的问题。

（二）股东知情权诉讼

在笔者办理的离婚案件中，出现过许多除传统的房屋、车辆、存款等财产分割之外的关于公司资产的分割。对于公司资产的分割，经常会遇到控制公司的一方不予配合的情况，导致对公司资产的分割陷于困境。遇到上述情况，自己要调查取证且要求法官调查取证、资产审计评估，如上述措施依然不能实现目标，则作为股东一方可以提起股东知情权诉讼，通过此途径来实现自己调查财产的目的，同时也可以给对方施压。

（三）巧用证据保全

本案最终能够令马某妥协，是由于郭女士申请对三个公司账簿等资料的证据保全，给马某及法官造成了很大的压力。如果公司账簿被查封，那么对公司本身的运营会造成很大压力。最终，在法官的调解下，郭女士撤回证据保全申请，马某做出让步。在一些诉讼中，可以恰当地运用证据保全这一措施来实现诉讼目的。

（四）灵活调解书

在实践中，存在双方已协商好，但在调解书具体履行细节上产生异议的情况。对于异议，存在两种极端态度，一种因难以协商，直接导致调解失败，重新进入诉讼阶段；另一种则认为既然已经调解了，就放松警惕，对对方缺乏制约，导致调解书生效后，对方拒不履行，此时又不能再起诉，只能进入艰难的执行过程。

笔者认为，因为在调解书生效后，就不能对纠纷另行起诉，并且目前存在严重的执行难问题，所以要充分重视调解书，既不

房不胜防

能太"死板"，导致调解失败，也不能太随意，导致没有保障，要既灵活又严谨地对待调解书。像本案这种相互履行义务的情况，可以双方分段交叉履行，并且由法院监督，另外可以约定高额违约金用来制约双方。

（五）勇于斗争

在本案中，法官明显偏袒对方，甚至想与对方配合将庭审匆匆过完，面对此种情况，笔者认为必须勇敢地说不，虽然还有二审，甚至再审，但一审认定后，庭审具有不可逆性，后期想要翻案，将会非常将困难。郭女士通过申请法官回避，并向庭长、院长、上级法院多次反映情况，迫使法官有所收敛，也使法官意识到事情的严重性，本着大事化小、小事化了的原则，积极促进双方进行调解。

本案仅是个案，在笔者接触的众多法官中，绝大多数的法官都是秉公任直的，对于此案这种情况，笔者要勇敢维护委托人的权益。

回顾本案，从一开始管辖权异议、调查取证到第一次庭审是一次次的失败，每次笔者在回京的路上，都是"焦头烂额"的无力感，但还要表现出乐观的心态安慰郭女士，并经常和郭女士聊到半夜。这就是一个真实的离婚案件，没有《离婚律师》中的悠然自得，更多的是"焦头烂额"中的坚持，最终才看到曙光。本案中郭女士如愿得到了财产，但笔者知道，郭女士的心中也留下了需要很长时间才能抚平的伤痕。笔者想马某的心中也不会太轻松，他们的女儿也将在缺少一部分父爱的环境中长大，这对家庭中的每一个人都是一种伤害。所以，希望每一个人都要珍惜呵护婚姻。

法 条 链 接

《中华人民共和国民事诉讼法》

第二十一条 对公民提起的民事诉讼，由被告住所地人民法院管辖；被告住所地与经常居住地不一致的，由经常居住地人民法院管辖。

对法人或者其他组织提起的民事诉讼，由被告住所地人民法院管辖。

同一诉讼的几个被告住所地、经常居住地在两个以上人民法院辖区的，各该人民法院都有管辖权。

房不胜防

第六十四条　当事人对自己提出的主张，有责任提供证据。

当事人及其诉讼代理人因客观原因不能自行收集的证据，或者人民法院认为审理案件需要的证据，人民法院应当调查收集。

人民法院应当按照法定程序，全面地、客观地审查核实证据。

第八十一条　在证据可能灭失或者以后难以取得的情况下，当事人可以在诉讼过程中向人民法院申请保全证据，人民法院也可以主动采取保全措施。

因情况紧急，在证据可能灭失或者以后难以取得的情况下，利害关系人可以在提起诉讼或者申请仲裁前向证据所在地、被申请人住所地或者对案件有管辖权的人民法院申请保全证据。

证据保全的其他程序，参照适用本法第九章保全的有关规定。

《最高人民法院关于适用〈中华人民共和国民事诉讼法〉的解释》

第三条　公民的住所地是指公民的户籍所在地，法人或者其他组织的住所地是指法人或者其他组织的主要办事机构所在地。

法人或者其他组织的主要办事机构所在地不能确定的，法人或者其他组织的注册地或者登记地为住所地。

第四条　公民的经常居住地是指公民离开住所地至起诉时已连续居住一年以上的地方，但公民住院就医的地方除外。

第十二条　夫妻一方离开住所地超过一年，另一方起诉离婚的案件，可以由原告住所地人民法院管辖。

夫妻双方离开住所地超过一年，一方起诉离婚的案件，由被告经常居住地人民法院管辖；没有经常居住地的，由原告起诉时被告居住地人民法院管辖。

《中华人民共和国公司法》

第三十三条　股东有权查阅、复制公司章程、股东会会议记录、董事会会议决议、监事会会议决议和财务会计报告。

股东可以要求查阅公司会计账簿。股东要求查阅公司会计账簿的，应当向公司提出书面请求，说明目的。公司有合理根据认为股东查阅会计账簿有不正当目的，可能损害公司合法利益的，可以拒绝提供查阅，并应当自股东提出书面请求之日起十五日内书面答复股东并说明理由。公司拒绝提供查阅的，股东可以请求人民法院要求公司提供查阅。

《中华人民共和国婚姻法（2001年修订）》

第十七条　夫妻在婚姻关系存续期间所得的下列财产，归夫妻共同所有：

（一）工资、奖金；

（二）生产、经营的收益；

（三）知识产权的收益；

（四）继承或赠与所得的财产，但本法第十八条第三项规定的除外；

（五）其他应当归共同所有的财产。

夫妻对共同所有的财产，有平等的处理权。

房不胜防

《最高人民法院关于适用＜中华人民共和国婚姻法＞若干问题的解释（二）（2017年修订）》

第十五条　夫妻双方分割共同财产中的股票、债券、投资基金份额等有价证券以及未上市股份有限公司股份时，协商不成或者按市价分配有困难的，人民法院可以根据数量按比例分配。

疯狂的房价
——换房中的动荡

编前

在谈房价色变的年代，每个参与者也都情不自禁地被房价的洪流裹挟。笔者经常见到作为违约一方的出卖人理直气壮地对买受人说，几个月内房价涨了上百万元，相当于我几年的工资，换作是你，你会卖吗？在疯狂的房价下，面对得与失，原本未打算违约的一方，也可能难以抵住诱惑，也踏上令其内心不安的违约之路。笔者下文要介绍的案件，就是在房屋买卖中违约与守约的挣扎。

办案回眸

（一）换房

何先生是北京市人，在大兴区有一套 40 多平方米的房屋，考虑到未来生活的需要，何先生打算将房屋卖掉，换一套大一点的房屋。于是，何先生一边找房，一边将自己的房屋挂牌出卖。2016年5月，何先生找到了一套90多平方米的房屋，价格是300多万元，首付款是110万元，何先生将自己的房屋出卖后可以凑齐首付，其余贷款。

打算好之后，何先生与戴某签订了房屋买卖合同，交付了定金15万元，并将首付款和房屋交付的时间约定在2016年9月，这样留有充足的时间，让何先生卖掉自己的房屋，筹集这套房屋的首付款。

在何先生的催促下，中介也很快为何先生的房屋找到了买家张某，双方签订合同，房屋价格为150万元，定金10万，2016年8月交付首付款90万元，房屋交付的时间是2016年10月。这样何先生就可以用自己房屋出卖获得的首付款支付要购买房屋的首付款，并且自己先入住要买的房屋，再搬出自己的房屋。

（二）疯狂的房价

正当何先生按照合同约定，办理买与卖的各种手续期间，北京的房价也开始了疯狂的上涨，甚至隔几天便涨一次价，到7月份时，何先生要买的房屋价格至少上涨了100多万元，但此时，何先生的噩梦也来了。

面对房价的上涨，戴某明确表示不想继续履行合同，并且表示可以双倍返还定金。何先生与戴某进行了多次协商，并且表示自己也已将原有房屋出卖，房价虽上涨，但自己作为出卖人却没有违约，希望戴某也能够守约，最终仍然协商无果。

何先生原本的换房打算，因为戴某的违约，被全盘打乱，进退维谷。对于与张某的合同，何先生也处于纠结中，如果继续履行，可能出现不仅买不到戴某的房屋，自己房屋又被出卖的情况，那时可就无家可归了。经过反复考虑，原本并无违约打算的何先生，为了保住自己的住所，也向张某提出不想继续履行合同。面对张某的指责，理亏的何先生只能说自己也是迫不得已。

（三）案情分析

笔者听完何先生对案情的讲述，可以看出何先生已因此事焦头烂额，疲惫不堪，特别是对张某的违约，自己也深感愧疚。

笔者给何先生分析了其与戴某之间的纠纷。第一，目前戴某明确不想继续履行合同，已经构成根本违约。第二，合同履行的主动权在何先生，作为违约一方的戴某没有解除合同的权利，即使戴某双倍退还定金或者支付违约金，他也没有解除合同的权利。第三，何先生可以要求继续履行合同，但前提是必须要有一次性支付全款的能力，否则，继续履行合同的诉求可能得不到法院的支持。

何先生表示，即使加上出卖自己房屋所得款项，也没有一次性支付全款的能力。

笔者给何先生如下几点建议。第一，如果没有一次性支付全款的能力，那诉讼请求只能是要求解除合同，返还定金，支付违

房不胜防

约金和房屋差价损失。第二，根据合同约定，可以向对方要求支付房屋总价的20%共计60多万元的违约金。但法官对违约金具有一定的自由裁量权，不过为了遏制房价上涨背景下的违约风气，平衡利益，目前法官对于违约金支持的比例还是比较高的。另外，可以在诉讼请求中，直接要求对方按照100多万元的房屋差价支付违约金，但这个差价的损失额，可能需要评估。

对于与张某的纠纷，笔者给何先生分析如下。何先生将不想履行合同的想法告知了张某，也已经构成了违约，案情分析与何先生和戴某之间的纠纷相似，虽然何先生对张某的违约行为，在主观上没有戴某对其的违约行为恶劣，但这并不影响对何先生已经构成违约的认定。

（四）起诉与被起诉

为了固定录音证据，以及尝试通过协商解决，笔者陪同何先生与戴某进行了最后的谈判，戴某还是明确表示不想继续履行合同，谈判破裂，只能进入诉讼程序。

按照之前的分析，最终确定了诉讼请求：第一，解除合同；第二，返还定金15万元；第三，支付违约金100万元；第四，诉讼费及相关费用由对方承担。

对于第三项诉讼请求支付违约金100万元的确定，依据如下几点。第一，按照合同约定，违约金是房价的20%，即60余万元。在实际中，房价上涨的差价约为100多万元，远远超过了违约金，即使法官最终支持全部 60 余万元的违约金，也不能弥补房屋差价造成的损失。第二，由于法律上规定增加违约金后，违约金和赔偿金不能并列主张，如果按照增加违约金主张 100 万元，并且还要另行主张赔偿金，则很难获得法官的支持。第三，如果直接只主张支付赔偿金 100 万元的话，由于赔偿金没有合同的直接约定，需要何先生进行举证证明，法官对此项认定具有很大的自由裁量权，而这对于何先生来说都是风险所在。第四，根据法律规定，约定的违约金低于实际损失的可以要求提高违约金，依据此规定，可以直接将违约金要求定为 100 万元，实际上，这 100 万元是以合同中约定的违约金 60 万元为基础，另外 40 万元是房屋差价 100 万元减去合同约定违约金 60 万元后剩余的房屋差价。这样的话，至少可以保证合同中约定的 60 余万元违约金有合同依据，降低风险，另外，在总额上主张 100 万元，也可以更全面地保障何先生的利益。

本案第一次开庭后，何先生申请了对房屋的差价进行评估，最终评估房价的差价是 95 万元。法院最终判决，解除合同，戴某返还何先生定金 15 万元，支付违约金 80 万元。

法官对违约金的判定依据是认为在合同的履行过程中，何先生没有违约行为，在房价上涨的过程中，戴某无理由并明确表示不想继续履行合同，已经构成根本违约，应当承担违约责任。对于违约金数额的判定依据是经鉴定房屋差价为 95 万元，鉴于戴某在 7 月份便明确告知何先生不想继续履行合同，能够在一定程度上防止损失继续扩大。另外，至起诉时，何先生只支付了 15 万元定金，综合合同履行情况，认为违约金为 80 万元较合理。

随后，戴某提起上诉，二审予以维持。此时，已经是 2016 年年底，经过政府限购限贷等措施的实施，北京的房价暂时从疯狂的状态归于平稳。何先生最终获得了 80 万元的违约金，此时，何先生收到了法院关于另一个案子的传票，张某已经将何先生起诉，等待何先生的是另外一个诉讼。

办案解析

（一）换房要考虑全面

在生活中，许多人都会因对房屋的面积、户型、位置、学区等不满意而换房，将自己的房屋出卖，再另外买房，如本案中的何先生。因为换房涉及两次交易，这两次交易又相互关联。比如因购房资格的限制，必须先把房屋卖了，才能买房。有的需要用卖房的钱来支付买房的钱，有的需要卖方先交付要买的房屋，之后才能交付要卖的房屋。在换房的两次交易中，可能要交叉进行房屋核验、购房资格核验、网签、面签、过户等手续，而其中一方的交易可能直接影响另一方的交易。此时作为换房人，要根据自己的实际，全面考虑，特别要仔细考虑各个交易的时间节点，不能相互冲突，最好给自己留出一定的时间予以回转，以应对可能出现的问题。

（二）诉讼请求的设计

如办案回眸中，笔者对于本案违约金的诉讼请求设计，是根据本案的实际情况，建议何先生直接以房屋差价为依据，提出100万元违约金的诉讼请求，从最终判决来看，法官也支持了超过合同约定的违约金。在房屋差价低于合同约定的违约金的情况下，只主张违约金即可，在房屋差价超过合同约定的违约金时，可以主张以房屋差价为依据的违约金，这样可以获得更多的赔偿。试想，如果本案中何先生仅仅主张支付合同约定的房价20%的违约金60余万元，在后期的庭审中即使再努力，法官也最多支持60余万元，而不会支持最终的80万元，所以诉讼请求对案件非常重要，甚至会左右最后的结果。

（三）房价上涨时买房

经常有购房者咨询笔者，是否可以拟定一份合同，能够百分之百地阻止对方违约，笔者只能告诉他们，没有一份合同可以完全保证对方不违约，但可以通过合同中适当的约定，加重其违约责任，以降低其违约的概率。特别是在房价上涨的背景下，购房者在签订合同时，可以交付更多的定金，同时约定更高的违约金，尽可能地缩短各个交易的时间，尽早实现过户，同时注重证据的保存。

房不胜防

承办本案的时候，笔者经常在想，如果房价没有如此疯狂地上涨，或许本案也就不会发生，现在双方按照合同已经完成了过户，但各方都为此事精疲力竭。在笔者与何先生接触的过程中，可以察觉到何先生因自己在卖房过程中的违约行为一直心里不安，在疯狂的房价下，不少参与者都难以幸免。

法条链接

《中华人民共和国合同法》

第一百零七条　当事人一方不履行合同义务或者履行合同义务不符合约定的，应当承担继续履行、采取补救措施或者赔偿损失等违约责任。

第一百一十四条　当事人可以约定一方违约时应当根据违约情况向对方支付一定数额的违约金，也可以约定因违约产生的损失赔偿额的计算方法。约定的违约金低于造成的损失的，当事人可以请求人民法院或者仲裁机构予以增加；约定的违约金过分高于造成的损失的，当事人可以请求人民法院或者仲裁机构予以适当减少。当事人就迟延履行约定违约金的，违约方支付违约金后，还应当履行债务。

《最高人民法院关于适用〈中华人民共和国合同法〉若干问题的解释（二）》

第二十八条　当事人依照合同法第一百一十四条第二款的规定，请求人民法院增加违约金的，增加后的违约金数额以不超过实际损失额为限。增加违约金以后，当事人又请求对方赔偿损失的，人民法院不予支持。

房不胜防

谍影重重
——房屋到底是谁的？

编
前

俗话说清官难断家务事，笔者承办过很多家庭纠纷案件，对此深有体会。在没有发生纠纷之前，由于双方是亲属，常进行口头约定，根本不注重证据的保存。一旦发生纠纷，双方相见于法庭，常常因为缺乏证据，导致难以查清事实，陷于"公说公有理，婆说婆有理"的循环里。笔者下文要介绍的案件便是如此，因为一套房屋，亲人之间"兵戎相见"，提起了多次诉讼，结果出人意料，上演了一场关于房屋的"谍影重重"。

办案回眸

（一）借名买房，暗地过户

郭老先生的老伴多年前就已经去世，两人育有一儿一女，郭小某和郭女士。2003 年，郭老先生在东城区有一间老宅要拆迁，于是郭老先生想另行购买一套房屋，但由于拆迁款迟迟没有下发，郭老先生自己又不能办理贷款，于是郭老先生与郭小某及儿媳刘某商量，以郭小某的名义签订合同购买房屋，首付款 10 万元由郭老先生支付，剩余 30 万元房款以郭小某名义申请贷款，实际上依然由郭老先生偿还贷款。2005 年，郭老先生的拆迁补偿款发了下来，郭老先生将钱取出并交给郭小某，一次性偿还贷款。2006 年，房本办了下来，登记在郭小某名下，房屋一直由郭老先生居住，双方相安无事。

2009 年，郭小某与刘某之间因感情不和，闹着要离婚。为了避免房屋落入刘某之手，郭老先生和郭小某偷偷签订了一份房屋买卖合同，并将房屋过户到郭老先生名下。

（二）确认合同无效，房市被撤销

过户后不久，刘某便发现了郭老先生和郭小某已将房屋过户的事情，于是，刘某以郭老先生和郭小某为被告，提起了要求确认两人签订的房屋买卖合同无效的诉讼。

经审理，法院认为该房屋是在夫妻存续期间购买的，虽登记在郭小某名下，但属于夫妻共同财产，郭小某与郭老先生恶意串通，以签订合同的形式将房屋过户到郭老先生名下的行为，侵犯了刘某的合法权益，认定合同无效。

一审判决后，郭老先生和郭小某没有上诉，判决生效，随后刘某以判决书为依据，向住建委申请撤销郭老先生的房屋登记。郭老先生收到住建委的撤销房屋登记书时，知道了房产证被撤销，此时郭老先生才感觉到不妙，自己的房屋可能保不住了。

（三）提起再审，申请复议

慌乱中的郭老先生找到笔者，将事情的来龙去脉给笔者讲述了一遍，希望笔者能帮他保住房屋。

笔者给郭老先生分析了如下几点。

首先，本案是典型的借名买房纠纷，北京市高级人民法院有明确的指导意见，借名买房关系成立的，借名人实际享有房屋权益，借名人可以要求出名人办理房屋所有权转移登记。

其次，对于证明借名买房关系的成立，是由借名人承担举证责任的，具体到本案中，郭老先生目前可以举证的主要有三点。一是，郭老先生持有房屋的买卖合同、抵押借款合同、购房发票、对账单、贷款回单等原件。二是，房屋一直由郭老先生居住并对房屋进行了装修。三是，郭小某和刘某两人没有经济能力偿还贷款，实际上，贷款都是由郭老先生偿还的。上述举证在一定程度上可以证明本案构成借名买房关系，但证据链并不是非常充分，虽然合同及单据等原件都由郭老先生持有，但是合同及单据等均是以郭小某的名义签订及出具的。更为重要的一点是偿还贷款的钱，都是郭老先生以现金的方式交付给郭小某，再从郭小某的银行卡中划出的，双方并没有转账记录，这就导致房款是由郭老先生偿还的这一重要事实，可能无法得到有力的证明，这也意味着郭老先生可能无法通过举证证明其存在借名买房的关系，因此，本案存在很大风险。

最后，针对目前的状况，要对确认合同无效案件提起再审，对住建委撤销房屋登记行为提起行政复议，看是否能有突破。同时，对借名买房诉讼做好准备。

在笔者的指导下，郭老先生提起了再审和行政复议，并且紧锣密鼓地准备证据，为借名买房诉讼做好准备。笔者将案件的风险给郭老先生做了分析，郭老先生听后非常后悔，后悔自己在当时没有签订书面协议，哪怕有个转账记录也好。这一点也是家庭纠纷的一个特点，即在证据的保留上存在不足。

（四）虎口脱险

在郭老先生提起再审和行政复议时，刘某先发制人，提起了与郭小某的离婚诉讼，并且要求分割房屋。

据笔者分析，刘某想趁着确认合同无效案件的胜诉，在法院的认定对其有利的情况下，直接在离婚纠纷中分割房屋，最终稳固对房屋所拥有的权利。郭老先生和郭小某必须在离婚案件中，向法官明示此房屋不属于夫妻共同财产，或至少要明示目前此房屋存在纠纷，涉及第三人利益，不能在此案中分割。

笔者指导郭小某和郭老先生向法官出具了情况说明，并且提供了再审及行政复议的证据，向法官说明房屋不能在此案中被分割。

离婚案件还在审理中。再审裁定书和行政复议决定书结果出

房不胜防

来了，行政复议决定书维持住建委做出的撤销房屋登记决定，再审裁定书驳回再审申请，但是法官认定，原审判决相关处理不影响申请再审人后续权利的主张，如申请再审人认为其权利受到侵犯，可以另行解决。

笔者分析如下。首先，再审和复议的结果均没有支持郭老先生，但在再审裁定书中，法官认定合同无效，郭老先生的合法权益可以通过其他途径来维护，这为后续的处理留下了空间。其次，将再审裁定书提交给离婚案件承办法官，进一步说明房屋在此案中不能被分割。最后，立刻提起借名买房纠纷诉讼。一是，再次说明此房屋权利归属有待确定，不能分割。二是，通过此诉讼看能否最终解决纠纷，将房屋直接过户到郭老先生名下。

在上述措施的实施下，对郭小某和刘某的离婚纠纷，法官虽然判决两人离婚，但认为房屋可能涉及案外人利益，故对房屋不做处理，应另案解决。

笔者听到这个消息后，悬着的心总算稍微放松了一下。如果在离婚案件中，法官直接将房屋分割，后期即使再申请翻案，那也会非常困难。笔者知道，后期将有一场恶战，但至少争取到拥有开战的机会。

（五）背水一战，意外判决

郭老先生直接将郭小某和刘某作为被告起诉，主张房屋是郭老先生借郭小某之名买的房，请求两人协助郭老先生将房屋过户到郭老先生名下。

庭上，郭小某对于借名买房的事实予以承认，刘某则如之前一样，一口咬定房屋是其与郭小某在双方婚姻存续期间购买，属于夫妻共同财产，根本不存在借名买房。

如前述分析，双方主要围绕着借名买房是否成立进行了辩论。郭老先生主张买房合同及所有票据原件全部由自己保管，房屋也由自己一直居住并进行了装修，并且女儿对此过程可以作证，房款也由自己支付，对方根本没有支付房款的能力。

刘某抗辩，是郭老先生和郭小某合谋想单独占有房屋，房款中的一部分是由自己筹集借款的，但刘某对于自己筹集借款的主张，未能提供证据予以证明。

庭审结束后，等待判决的过程很漫长，而判决的结果则出乎意料。法院认为，虽然郭老先生持有购房合同及票据原件，但是上述合同及票据均是以郭小某名义签订并出具的，考虑到二人是父子关系，且之前有过对房屋买卖合同确认无效的判决，郭老先生也没有直接证据证明其支付了房款。另外，对郭老先生居住及装修房屋这一点，根据生活经验，亦属常见。综上，郭老先生主张存在口头借名购房合同，但所提交的证据未能形成相互印证的完整证据链条，故对此不予认定，驳回郭老先生的诉讼请求。同时，法院也指出，房屋购房款数额巨大，郭小某和刘某亦不具备支付全部购房款的能力，刘某主张购房款系其所筹借款支付，亦未提供证据证明，对其主张房屋是夫妻共同财产的抗辩意见，亦不予采纳。房屋应系郭老先生、郭小某和刘某这个大家庭共同出资购买，对于房屋分家析产等事宜，争议方可另行解决。

针对这一出人意料的结果，郭老先生提起了上诉，二审予以维持。房屋最终的归属，将由下一个分家析产的诉讼来解决。

办案解析

（一）借名买房

由于限购、贷款等原因，许多购房者暂时没有资格购房，而往往采用借名的方式购房。在借名买房过程中又常因为借名人与出名人之间是亲属，基于信任，双方只是进行口头约定，缺乏书面证据，一旦后期产生纠纷，诉诸法庭，往往会因为缺乏证据，导致借名人的主张难以获得支持。

在借名买房过程中，为了避免纠纷发生，借名人和出名人之间应当签订书面借名协议。除此之外，借名人还应当注意将合同、票据、房本、装修、转账记录等证据原件保存好，及时入住，在可以过户的时候，及时办理过户。

（二）保存证据

法院审理案件主要依据的是各方提供的证据。在本案中，法官最终未支持任何一方，主要是双方均未提供充分的证据证明其主张。在日常生活中，人们对于保存证据不是很重视，一旦产生纠纷，往往难以举证证明自己的主张，而这就要求人们在日常生活中要形成保存证据的意识。

（三）诉讼策略

本案可谓是一波三折，一套房屋引发了多起诉讼。刘某的代理律师巧妙地运用了诉讼策略，在得知房屋被过户到郭老先生名下后，第一时间去住建委调取了郭老先生和郭小某签订的合同，起诉并成功确认合同无效，在合同确认无效后，又立即向住建委申请撤销郭老先生的房本，并且成功将房本撤销，撤销之后，随即起诉离婚，并且要求分割房屋，可见其对诉讼策略运用得非常巧妙，一环紧扣一环。

面对刘某的攻势，笔者接案之后，为了防止房屋在离婚纠纷中被分割，笔者制定了提起确认合同无效案件的再审、撤销房屋登记的行政复议、借名买房起诉等一连串的诉讼策略。

纵观此案，双方都巧妙地运用了诉讼策略，犹如行军打仗的策略，冲锋、防卫、埋伏、迂回、侧翼攻击，努力将案件推向有利于自己的方向，可见好的诉讼策略对一个案件来说非常重要，甚至可以决定案件的最终结果。

如今案件依然没有结束，双方都在重整旗鼓，为下一次诉讼做准备，由于双方证据的缺失，也使案件变得扑朔迷离。本案是家庭纠纷中典型的案例，家庭关系融洽的时候，各方相安无事，一切事情仅凭口头约定，一旦产生纠纷就会陷入没有证据、各执一词的纠缠中，俗话说"亲兄弟，明算账"是有道理的，刚开始抛开面子的明算账，或许就可以避免后期的许多纠纷。

法 条 链 接

《中华人民共和国合同法》

第五十二条　有下列情形之一的，合同无效：

（一）一方以欺诈、胁迫的手段订立合同，损害国家利益；

（二）恶意串通，损害国家、集体或者第三人利益；

（三）以合法形式掩盖非法目的；

（四）损害社会公共利益；

（五）违反法律、行政法规的强制性规定。

《最高人民法院关于适用〈中华人民共和国民事诉讼法〉的解释》

第九十条　当事人对自己提出的诉讼请求所依据的事实或者反驳对方诉讼请求所依据的事实，应当提供证据加以证明，但法律另有规定的除外。

谍影重重——房屋到底是谁的？

在做出判决前，当事人未能提供证据或者证据不足以证明其事实主张的，由负有举证证明责任的当事人承担不利的后果。

第九十一条　人民法院应当依照下列原则确定举证证明责任的承担，但法律另有规定的除外：

（一）主张法律关系存在的当事人，应当对产生该法律关系的基本事实承担举证证明责任；

（二）主张法律关系变更、消灭或者权利受到妨害的当事人，应当对该法律关系变更、消灭或者权利受到妨害的基本事实承担举证证明责任。

《北京市高级人民法院关于审理房屋买卖合同纠纷案件适用法律若干问题的指导意见（试行)》

第十五条　当事人约定一方以他人名义购买房屋，并将房屋登记在他人名下，借名人实际享有房屋权益，借名人依据合同约定要求登记人（出名人）办理房屋所有权转移登记的，可予支持。但是，该房屋因登记人的债权人查封或其他原因依法不能办理转移登记，或者涉及善意交易第三人利益的除外。

当事人一方提供证据证明其对房屋的购买确实存在出资关系，但不足以证明双方之间存在借名登记的约定，其主张确认房屋归其所有或要求登记人办理房屋所有权转移登记的，不予支持；其向登记人另行主张出资债权的，应当根据出资的性质按照相关法律规定处理。

满纸荒唐言
——一幢别墅的辛酸泪

编前

许多人都读过海子的"我有一所房子，面朝大海，春暖花开"，每个人也都有一个拥有一所房屋的梦想，房屋不仅可以遮风挡雨，更是一个家的载体。笔者作为房产律师，见证了许多与房屋有关的故事，只要用心去感受，就会发现房屋不再是一块块冷冰冰的砖，而是寄托了房主人心血的家。笔者下文要讲述的案件，是一个关于房屋的故事，房主人从某著名开发商处购买了一幢精装修别墅，入住不久便出现漏水、墙体脱落等问题，随后，房主人走上了长达 **6** 年的维权之路。

办案回眸

（一）面朝大海，春暖花开

韩女士和李先生夫妻二人来京打拼数十年，韩女士成为某公司高级技术人员，2010 年，韩女士所在的公司上市，她将公司所分的股份卖掉后获得一大笔钱。韩女士和李先生商量，两人在北京一直租房住，现在唯一的儿子正好要买房结婚，由于李先生的腿行动不太方便，儿子和女朋友希望能够与韩女士、李先生一起住，可以帮忙照顾李先生。于是，韩女士决定用卖股票所获的钱买一幢别墅，给儿子作为婚房，儿子婚后韩女士也可以和儿子儿媳住在一起，相互照顾。

韩女士最终看上了位于海淀区的某著名开发商建设开发的一幢精装修别墅，地下 1 层，地上 2 层，有单独的花园，大阳台，开发商承诺这幢别墅是样板房，是开发商花了很大心思建造和装修的，处处体现了高品质。韩女士想的是，老两口可以住在一楼，李先生自己可以到花园活动，二楼给儿子儿媳住，更重要的是别墅是精装修，临近婚期的儿子可以直接在这儿举办婚礼，而且开发商也是全国赫赫有名的，品质应该有保障。看了几次后，韩女士便与开发商签订了合同，以总价 1 700 万元购买了该别墅，看着合同附件中关于装修的约定，全都是高规格的，韩女士心想，北漂了这么多年，终于实现了安家梦。

（二）满纸荒唐言

2010 年冬，开发商如期通知韩女士验房，在验房的过程中，韩女士就发现地下室等有水渍，不过经开发商相关人员解释说这是刚装修完地面返潮，过几天就好了，韩女士也就没有在意，便

房 不 胜 防

住了进去。

随后，韩女士的儿子在别墅里举行了婚礼，一家四口全都住了进去。出门就是小花园，在阳台晒太阳的日子还没享受几天，噩梦便开始了，地下室的水渍不仅没有消失，反倒是积水越来越多，二楼主卧室的卫生间也开始漏水，家里经常断电。韩女士原本以为通过物业维修便可以修好，但经过物业多次维修，仍然无法确定漏水原因，一直没有修好，同样的质量问题不断出现。

冬去春来，春暖花开，随着气温升高，别墅漏水的情况越来越严重，并且漏水导致一楼的吊顶及壁纸开始霉变，直到 2011 年 7 月，因二楼主卧卫生间水管阀门破损，发现时，漏的水已泡了整幢别墅，别墅的装修基本报废，且根本无法居住。

韩女士一家只好从刚入住半年多的别墅中搬出，另行租房住，看着合同中对别墅质量的各种高规格约定，韩女士有苦说不出，真是"满纸荒唐言，一把辛酸泪"。

（三）诉讼请求

韩女士针对上述问题与开发商进行协商，但是开发商的口气却十分强硬，最多赔偿 50 万元，并且对此后的一切问题再不承担责任。韩女士无奈之下找到笔者，要讨回公道。

笔者听了韩女士的描述后，给其分析如下。第一，这幢别墅应该是存在严重的质量问题，但是具体是什么质量问题，及其严重程度，还有如何修复、修复周期及损失是多少等，这些都得需要专业机构进行鉴定。第二，现在房价已上涨，退房肯定不划算，如果要维修则面临谁来维修的问题。若是要求开发商维修，那再次出现之前的久修不好，越修越糟糕的情况怎么办；若是韩女士自己维修，由开发商承担维修费用，那么如果日后房屋再次出现质量问题，开发商会推脱说是韩女士自己修复的结果所导致的，那责任分担就会出现问题。通过与韩女士进行反复的沟通、分析及论证，最终确定了诉讼方向和方案。

　　具体的方案确定后，接下来便是诉讼请求的设计，诉讼请求的关键在于由别墅质量造成的损失包括哪些，损失的标准如何确定。笔者认为，虽然别墅已经交付，但由于别墅的质量问题，韩女士在居住期间没有享受到应有的居住条件，可以视为没有交房，损失的计算标准可以参照逾期交房违约金的计算标准，合同中关于逾期交房违约金的标准是每日房价的万分之五，这个赔偿标准也能够赔偿韩女士的损失。除此之外，几个月以来韩女士一直交纳物业服务费，对物业费也可以主张。在开发商修复房屋的过程中，由于房屋不断漏水导致家具家电全部被水浸泡，这个损失可以主张。由于要对房屋进行修复，势必涉及对房屋原有装修的破坏，然后还要对原有装修进行恢复，修复期间的损失可以主张，房屋的装修损失也可以主张等。

　　最终的诉讼请求确定如下。第一，判令被告向原告支付由于房屋质量问题导致的无法正常居住使用的损失，损失的计算标准参照逾期交房的计算标准（每日房屋价格的万分之五，自交房之

房不胜防

日开始计算到判决生效之日为止）。第二，判令被告向原告支付维修房屋期间的损失，损失的计算标准参照逾期交房的计算标准（每日房屋价格的万分之五，自判决生效之日开始计算到12个月为止）。第三，判令被告向原告支付房屋进行重新装修所支付的人工费、材料费等全部费用暂计300万元。第四，判令被告支付原告房屋由二层水管爆裂导致的家具损失共计40万元。第五，判令被告向原告支付物业服务费共计3万元。第六，判令被告承担本案诉讼费、相关鉴定费。

（四）漫长的鉴定之路

立案之后的第一次开庭中，开发商不承认别墅存在质量问题，认为是韩女士自己使用不当引起的。

面对开发商的"耍赖"态度，笔者给韩女士分析如下。第一，可以申请法官前往别墅现场勘验，看法官是否能够做出直接判断。第二，如果法官不能够做出直接判断，就申请法院委托鉴定机构对别墅是否存在质量问题及存在问题的原因进行鉴定。

法官进行了现场勘验，虽然见到地下室的地面浸泡在水中，但对于渗水的原因等无法进行直接判断。韩女士只好申请法院委托鉴定机构对别墅是否存在质量问题及存在问题的原因进行鉴定。

对于鉴定，开发商不予配合，称资料未保存，无法提供关于别墅的全面施工资料，笔者只好去档案馆将资料调取出来。资料齐全之后，经过了漫长的鉴定，最终的结论是别墅卫生间、地下室防水以及其他部位存在质量问题，并且属于别墅本身质量问题。

面对鉴定结论，开发商无可辩驳，但关于维修方案及维修费用，开发商又开始推脱，并压低维修费用。

笔者分析，别墅存在的问题已经予以鉴定，法院也认可，但由于别墅的维修方案以及维修费用属于专业性问题，虽然笔者咨询过专业人士，并估算出了维修费用，但是如果不能向法院提供明确的维修费用的鉴定证据，这一部分的诉求会存在一定的风险，难以获得全面支持，笔者建议再对别墅的维修方案及维修费用进行鉴定。

韩女士又申请法院委托鉴定机构，对别墅的维修方案及维修费用进行鉴定，又经过了漫长的等待，鉴定结果终于出来，维修方案和维修费用予以确定。

（五）最终的判决

从房屋交付、维修、协商、起诉，一直到两次漫长的鉴定做完，六年时光已过，开发商再也没有其他借口阻挠。

法院做出了判决，最终的判决依据维修方案及维修费用的鉴定结果，除了把诉讼请求中维修期间的损失期限的 12 个月降为 10 个月，和维修费用从 300 万元降为 260 万元之外，其他的诉讼请求全部得到了支持，特别是仅按照逾期交房的计算标准，开发商支付因房屋质量问题导致的无法正常使用及维修期间的损失便达 500 多万元。

房不胜防

办案解析

（一）小心样板房

在购房时，许多购房者认为样板房作为开发商宣传参观的一个窗口，其质量肯定有保障，因此将样板房作为首选。但在实践中，样板房由于赶工期等原因，在质量上可能不如其他房屋，特别是在一些隐蔽工程上，更易存在质量问题，这些都是购房者需要注意的地方。

（二）收房要仔细

在实践中，许多开发商会要求先交钥匙再验房，这是违反规定的，此时购房者更需要谨慎对待，要坚持先验房后收钥匙。并且在验房的过程中，要将发现的问题全部记录下来，不要听信开发商"忽悠"这个没有问题，那个没有问题，只要你觉得有问题，就在验房单上做记录，并且留下备份，为以后的维权做好准备。

（三）设计巧妙的诉讼请求

本案中，韩女士最终能够获得足额的赔偿，离不开诉讼请求的巧妙设计。对于因房屋质量造成的损失的赔偿，笔者在赔偿标准的设计上，参考了合同中逾期交房的标准。在赔偿的期限上，分为截至判决生效之日和判决生效后的维修期间，分两段时间予以计算，有理有据，能够让法官予以采纳，从而全面地保障韩女士的权益。

（四）有力的鉴定

由于房屋质量问题常涉及专业知识，需要由专门的鉴定机构进行鉴定，只有掌握了有力的鉴定证据，法官才能"理直气壮"地予以支持。对于鉴定的内容及结论，如果有异议，要及时向法官和鉴定机构予以反映。本案中对于地下室渗水原因及维修外立面费用等问题，韩女士都及时提出了异议，鉴定机构也进行了补充鉴定，从而为最终的鉴定结论提供了支撑。

> **编后**
>
> 本案的开发商提起上诉，二审予以维持。韩女士最终获得了足额的赔偿，但长达六年的维权之路，已经给韩女士一家造成了难以抚平的伤痕，原本应该是喜庆的婚房，如今却是问题不断的"问题房"。如今回头看看著名开发商和精品样本房，好似一场闹剧，所以也给购房者提个醒，购房要谨慎，少听多勘验。

法 条 链 接

《中华人民共和国合同法》

第一百零七条 当事人一方不履行合同义务或者履行合同义

务不符合约定的，应当承担继续履行、采取补救措施或者赔偿损失等违约责任。

《最高人民法院关于审理商品房买卖合同纠纷案件适用法律若干问题的解释》

第十三条　因房屋质量问题严重影响正常居住使用，买受人请求解除合同和赔偿损失的，应予支持。交付使用的房屋存在质量问题，在保修期内，出卖人应当承担修复责任；出卖人拒绝修复或者在合理期限内拖延修复的，买受人可以自行或者委托他人修复。修复费用及修复期间造成的其他损失由出卖人承担。

《中华人民共和国民事诉讼法》

第七十六条　当事人可以就查明事实的专门性问题向人民法院申请鉴定。当事人申请鉴定的，由双方当事人协商确定具备资格的鉴定人；协商不成的，由人民法院指定。

当事人未申请鉴定，人民法院对专门性问题认为需要鉴定的，应当委托具备资格的鉴定人进行鉴定。

倚楼听车声
——阳台旁的车库口

居者有其屋，生活恬静，这是每个购房者所追求的居住环境，但希望和现实总是有差距，开发商在楼书、沙盘上的承诺，往往与实际差别很大。笔者下文要讲述的案件，便是开发商交付的房屋与当初的宣传差别很大，特别是小区地下车库入口的规划变更，竟然紧靠购房者的开放式阳台，汽车噪音、尾气等直接影响了购房者的生活，引发了购房者与开发商之间一波三折的诉讼。

编
前

办 案 回 眸

（一）阳台旁的车库入口

2012 年 9 月，陶女士通过某开发商的楼书、沙盘等宣传资料，看上了一套期房，于是与开发商签订了预售合同，购买了二楼201号房屋，按时交纳了房款。

房 不 胜 防

2013 年 10 月，按照开发商的收房通知，陶女士前来收房，首先映入眼帘的是一个直径 30 厘米、高 70 厘米的通风管，走近了才发现，原来陶女士的房屋东侧下紧靠的竟是一个车库入口，东向窗户也因此改为南向窗户，并且车库入口盖顶的顶部与房屋开放式阳台之间的高度相差无几。进入房屋，发现部分墙面脱落。陶女士要求开发商对车库入口的位置做出解释，并且对车库入口及房屋进行整改，否则拒绝收房。开发商表示，车库入口完全符合规划，并且已经取得规划及竣工验收手续，房屋本身不存在质量问题，即使存在质量问题也不影响交付。

（二）交房和收房

陶女士不能接受开发商的解释，于是拒绝收房。此后，陶女士又多次要求开发商整改，但开发商一直未整改，陶女士也一直未收房。

由于租住的房屋已经到期，无奈之下，陶女士打算先去办理收房手续，入住之后再解决问题。2013 年 12 月，陶女士到开发商处办理收房手续，没想到开发商根据合同约定的内容，要求陶女士必须先交纳 2013 年 10 月至 2013 年 12 月的逾期收房违约金，才能办理收房手续。陶女士认为开发商应该向她赔偿违约金，现在开发商却先向自己要违约金，此次收房双方不欢而散，陶女士没有收房。

（三）起诉和反诉

让开发商整改其却不予整改，如今收房还被开发商蛮横拒绝，陶女士找到笔者，希望通过法律途径让开发商交房，并且赔偿其损失。

听完陶女士的讲述，笔者给其分析如下。首先，2013年10月时，陶女士可能没有权利拒绝收房。第一，依据合同，没有条款约定可以因房屋质量问题拒绝收房。第二，目前初步判断，房屋并没有出现主体结构受损等严重的质量问题，并且房屋本身通过了规划及竣工验收，陶女士很难以车库入口位置和窗户位置改变、墙面脱落等问题拒绝收房。第三，对上述问题的认定存在一定争议，如起诉的话，可主张因车库入口等严重影响正常生活，拒绝收房，但最终结果取决于法官的认定。其次，2013年12月，开发商拒绝交房，陶女士可以主张开发商承担此后的逾期交房责任。最后，关于车库入口位置、窗户位置等问题，如果能证明开发商的规划存在变更，则可以要求其赔偿损失。

经过与陶女士的协商，最终确定诉讼请求如下。第一，交付房屋，并且支付从2013年10月起至实际交付房屋之日止的逾期交房违约金。第二，赔偿损失120万元（含房屋贬值损失、封阳台封窗费用、车库整修费用、隔音费用等）。第三，支付诉讼费及相关费用。

陶女士立案不久，便收到了开发商的反诉状，反诉要求陶女士支付 2013 年 10 月起至实际收房之日止的逾期收房违约金。

（四）艰难取证，开庭交锋

笔者分析如下。对于交房收房问题，由于存在房屋验收确认单等证据，事实方面的问题争议不大。对于车库入口位置、窗户位置等问题，开发商可能会提供房屋通过规划及竣工验收的文件，此时陶女士必须提供充足的证据证明车库入口位置、窗户位置存在变更，构成违约。

为确保能够取得证据，由笔者代理陶女士，一边向规划、住建等部门申请公开建设工程规划许可证及其附件附图、规划变更文件、二楼层平面竣工图等政府信息，一边向法院申请对上述材料进行调查取证。

笔者本以为自己和法院至少一方可以获得证据，结果规划等政府部门以各种理由不予提供证据，法院也没有受理调查取证申请。

虽然调查取证申请受阻，但笔者认为上述证据是本案的关键。在开发商已提交规划及竣工验收文件的情况下，陶女士一方必须提交前期规划等证据，以此来证明房屋虽通过规划及竣工验收，但其中存在规划变更的情况。如果不能取得上述证据，而法院直接以开发商提交的规划及竣工验收文件作为裁判依据的话，会对陶女士非常不利。所以上述证据必须取得，并且必须在本案开庭之前取得。

笔者建议如下。第一，直接对信息公开提起诉讼，要求政府部门公开信息。第二，因为信息公开诉讼，审理过程可能较长，在起诉的同时，直接去规划等部门及其上级政府现场反映情况，要求公开信息。第三，申请法院延期审理与开发商之间的诉讼，在证据未取得之前，不能开庭。第四，做好最坏的打算，如果在开庭之前，仍未取得证据，做好对与开发商之间的诉讼撤诉的准备，在取得证据之后再重新起诉。

确定好上述方案之后，笔者和陶女士便开始进行与时间赛跑的取证，经过与法官沟通，法官口头答应可以延期安排开庭。在信息公开诉讼立案之后，笔者和陶女士多次去规划等部门及其上级政府现场反映情况，最终取得了上述证据。

通过分析建设工程规划许可证附图，可以明显看出，在当初的设计中，车库入口与房屋所在楼的东侧墙至少有 4 米的距离，而不是像现在一样紧靠着。从规划变更批复中也可以明显看出，经开发商申请，对车库入口、窗户等位置进行了变更。另外，从二楼平面竣工图可以看出，房屋东侧向有一扇窗户，图上进行了修改标注，改为南侧向窗户。面对上述证据，笔者悬着的心终于放下了，此时可以与开发商一战了。

2014 年 4 月，第一次开庭，在法官的主持下，双方先办理了收房手续，前期违约问题另行解决。法官将本案争议焦点归结为两点：焦点一，是开发商拒绝交房还是陶女士拒绝收房，以及违约责任问题；焦点二，开发商是否存在车库入口位置、窗口位置等规划变更，导致房屋存在噪音、安全隐患等问题，使房屋贬值。

开发商主张楼书、沙盘等不构成预售合同组成部分，不作为交付条件，车库入口也已经通过规划及竣工验收，符合法律规定，另外房屋本身不存在质量问题，即使存在质量问题也不影响交付。

笔者观点如下。首先，开发商的楼书、沙盘具体明确地显示了车库入口与房屋存在至少4米的距离，并且正是基于此，陶女士才决定购买房屋，楼书等应当属于合同的一部分。其次，依据陶女士提供的建设工程规划许可证及其附件附图等证据，可以明显地看出车库入口位置、窗户位置与当初规划不一致，存在规划变更。再次，退一步讲，即使开发商对车库入口位置的变更经过了政府审批，且取得了最终的规划及竣工验收，也应当向陶女士履行变更告知义务，并且将影响降到最低，但开发商未履行告知义务，应承担违约责任。最后，开发商的上述行为，严重影响陶女士的正常居住，并使房屋贬值，陶女士有权拒绝收房，并要求赔偿。

庭审中，陶女士申请法院对房屋贬值损失、封阳台封窗费用、车库整修费用、隔音费用等进行评估。

（五）无法评估，自由判决

法院受理陶女士的评估申请后，经程序确定了评估机构，评估机构审查材料后，称目前我国没有针对这种类型项目的评估规范，且没有房屋修缮费用的具体方案及材料，无法评估。随后，法院又咨询了其他评估机构，均答复无法评估。基于此，最终只能由法院结合具体情况，自由裁量。

最终法院判决如下。第一，陶女士向开发商支付 2013 年 10 月起至 2013 年 11 月止的逾期收房违约金。第二，开发商向陶女士支付 2013 年 12 月起至 2014 年 3 月止的逾期交房违约金。第三，开发商赔偿陶女士损失费 80 万元。

法院认为，关于交房收房问题，依据合同，陶女士无权以房屋质量问题拒绝收房，故陶女士应对此承担违约责任，但在 2013 年 12 月陶女士交纳收房费用后，开发商拒绝向陶女士交房的行为构成违约，应承担违约责任。关于车库入口位置、窗户位置变更问题，虽然楼书、沙盘不是合同的组成部分，不予以采用，但从陶女士提供的建设工程规划许可证及其附件附图等证据中，可以得出车库入口、窗户等位置进行了变更的结论，且此变更未告知陶女士，严重影响了陶女士的正常居住，应承担相应责任。关于损失金额，因评估机构无法进行评估，故结合具体情况，考虑房屋使用人的经济损失、心理影响等酌情确定为 80 万元。

判决后，陶女士认为赔偿太少，开发商认为不构成违约不应当赔偿，均提起上诉，二审予以维持。

办 案 解 析

（一）宣传资料

许多购房者往往被开发商的广告、沙盘或楼书等宣传资料吸引，

房 不 胜 防

决定买房，也想当然认为宣传资料等属于合同的一部分，最终发现实际与当初的宣传不符合时，购房者去找开发商，开发商往往抗辩宣传资料不属于合同，即使去法院起诉，法院也不予认定构成合同。

在实际中，根据法律规定，销售广告和宣传资料等本身只是要约邀请，如果没有写进合同，或者未具体确定，且未对合同的订立及房屋价格有重大影响的，其不构成合同。当面对销售广告和宣传资料时，购房者要谨慎，并确认其是否构成合同，少听多勘验，防止被开发商欺骗。

（二）拒绝收房要谨慎

在实际中，到了交房日期，开发商一般会以邮件、电话等方式通知购房者前来办理收房手续，或者依据合同，购房者自行前往办理收房手续。许多购房者认为收房是自己的权利，延期几天无所谓，并且只要房屋出现任何一点瑕疵便拒绝收房，其认为如果收了房，则等于承认了房屋质量是合格的，后期就不能要求赔偿。

上述购房者的观点存在认知偏差，收房不仅仅是购房者的权利，也是购房者的义务，如果收到开发商的收房通知后，购房者没有前往办理收房手续，则房屋的风险转移到由购房者承担，并可能依据合同约定，还要承担逾期收房的违约责任。特别是有的合同约定，收房不需要开发商通知，需要购房者自行在收房日期前往收房，此时购房者更需要特别留意，及时前往收房。

另外，购房者不能以房屋存在质量问题为由拒绝收房，除了合同中专门约定的以外，一般只有存在未经过竣工验收备案、房屋主体结构质量不合格、严重影响正常使用等严重问题时，购房者才可以拒绝收房。其他质量问题如地面、墙面裂缝，局部渗水、漏水，门窗损坏等瑕疵，如果合同没有约定可以拒收，则上述质量问题是不能作为拒绝收房的依据的。针对发现的问题，购房者可以在收房确认单上予以记载，先收房，后期再让开发商维护或赔偿，如果严重影响正常居住使用，也可以要求解除合同、退房，此权利并不因收房而丧失。

（三）全面取证

本案中，开发商提供的规划及竣工验收文件，明显对陶女士不利，在此情况下，笔者调取了建设工程规划许可证及其附件附图、规划变更文件、二楼层平面竣工图等证据，证明车库入口、窗户的位置存在变更。在楼书、沙盘未被法院认定构成合同的情况下，最终法院依据上述证据，认定车库入口、窗户的位置存在变更，为后续赔偿提供了依据。

（四）评估

在实际中，关于房屋损失的确定，许多购房者认为没有确定不了的损失，确定不了可以评估，这种观点也存在认知偏差。因为评估有一定的评估规范，如果所要评估的项目，没有相应的评

房不胜防

估规范或相似案例作为评估的参考依据，是很难进行评估的。另外，有的评估项目，由于无法提供相应的材料，因此难以对其进行评估。在无法评估的情况下，可能就需要法官依据具体情况，自由裁量判决，但不能评估并不等于购房者就无事可做，此时可以提供其他辅助材料，争取让法官在自由裁量中倾向自己。

编后

本案从一波三折到最终判决，陶女士觉得所获赔偿太少，虽然拿到了赔偿，但每天被噪音、尾气污染是无法弥补的，正在考虑封阳台、加隔音板。开发商在房屋的建设过程中，有时会对规划等进行变更，但其会取得规划及竣工验收手续，从规划审批中完成自身手续的"合法化"。而这些，甚至细微的规划变更，都可能对购房者的居住环境造成很大影响，但当购房者提出质疑时，开发商就会拿出规划及竣工手续予以抗辩，而购房者又很难提供其他证据予以反驳，这一点或许需要在政府审批监管、法院审理，甚至立法层面去防范解决。

法条链接

《中华人民共和国合同法》

第一百零七条　当事人一方不履行合同义务或者履行合同义

务不符合约定的，应当承担继续履行、采取补救措施或者赔偿损失等违约责任。

《最高人民法院关于审理商品房买卖合同纠纷案件适用法律若干问题的解释》

第三条　商品房的销售广告和宣传资料为要约邀请，但是出卖人就商品房开发规划范围内的房屋及相关设施所作的说明和允诺具体确定，并对商品房买卖合同的订立以及房屋价格的确定有重大影响的，应当视为要约。该说明和允诺即使未载入商品房买卖合同，亦应当视为合同内容，当事人违反的，应当承担违约责任。

第十一条　对房屋的转移占有，视为房屋的交付使用，但当事人另有约定的除外。

房屋毁损、灭失的风险，在交付使用前由出卖人承担，交付使用后由买受人承担；买受人接到出卖人的书面交房通知，无正当理由拒绝接收的，房屋毁损、灭失的风险自书面交房通知确定的交付使用之日起由买受人承担，但法律另有规定或者当事人另有约定的除外。

第十二条　因房屋主体结构质量不合格不能交付使用，或者房屋交付使用后，房屋主体结构质量经核验确属不合格，买受人请求解除合同和赔偿损失的，应予支持。

第十三条　因房屋质量问题严重影响正常居住使用，买受人请求解除合同和赔偿损失的，应予支持。交付使用的房屋存在质量问题，在保修期内，出卖人应当承担修复责任；出卖人拒绝修复或者在合理期限内拖延修复的，买受人可以自行或者委托他人修复。修复费用及修复期间造成的其他损失由出卖人承担。

《商品房销售管理办法》

第二十四条　房地产开发企业应当按照批准的规划、设计建设商品房。商品房销售后，房地产开发企业不得擅自变更规划、设计。

经规划部门批准的规划变更、设计单位同意的设计变更导致商品房的结构型式、户型、空间尺寸、朝向变化，以及出现合同当事人约定的其他影响商品房质量或者使用功能情形的，房地产开发企业应当在变更确立之日起 10 日内，书面通知买受人。

买受人有权在通知到达之日起 15 日内做出是否退房的书面答复。买受人在通知到达之日起 15 日内未作书面答复的，视同接受规划、设计变更以及由此引起的房价款的变更。房地产开发企业未在规定时限内通知买受人的，买受人有权退房；买受人退房的，由房地产开发企业承担违约责任。

南柯一梦
——一套限价房的转让

编前

在高房价的年代，政府为了实现"居者有其屋"这个目标，出台了经济适用房、限价房和自住型住房等政策，符合相应条件的买房人，可以低于市场价购买房屋。虽然上述房屋的买与卖存在种种限制，但由于其价格低，还是有许多人通过各种方式进行买卖。笔者下文要讲述的案件，便是关于一套限价房的转让，虚假与真相、法律与政策、友情与利益，一波三折。

办案回眸

（一）转让两限房

姜女士和杜某是关系非常好的老同事。2009 年，杜某的母亲杜老太太因为老宅拆迁，获得了限价房购买指标，可以低于市场价购房，但房屋 5 年内不得转让，如需转让，则要向当地房管部

房不胜防

门申请回购，在满 5 年后，交纳一定的土地收益，即可以转让。

因杜老太太已有其他住房，且一时也拿不出钱来购买此房屋，而此时姜女士正打算购买房屋，于是双方达成口头转让合同，姜女士向杜老太太支付 2 万元转让费，杜老太太将购房指标转让给姜女士，购房合同以杜老太太名义签订，购房款 60 万元由姜女士支付。随后，姜女士入住并对房屋进行了装修。2011 年，房本办了下来，登记在杜老太太名下。

（二）腾房之诉

姜女士一直居住在该房屋内，且与杜老太太双方相安无事。在此期间，北京的房价一路上涨，面对房价上涨带来的利益，杜老太太开始否认当初转让购房指标的事实，认为当初是让杜某去办理购房手续，杜某擅自将房屋转让给姜女士，自己不知情，现要求姜女士腾房。双方协商无果，杜老太太向法院提起了腾房诉讼。

面对杜老太太的起诉，姜女士多次与杜某沟通，但面对利益，杜某不顾数十年的友情，完全与其母亲站在同一立场。朋友的背叛，自己因房屋被起诉，心烦意乱的姜女士找到笔者咨询。

笔者听了她的讲述后，给其分析如下。首先，姜女士和杜老太太之间虽然没有书面转让合同，但是已经达成了口头转让合同，房款由姜女士支付，房本原件由姜女士保管，房屋也是由姜女士装修且一直居住在其中，这些证据都可以证明双方已达成转让合同。其次，姜女士在房屋内居住是依据双方达成的合同，具有合法居住权，可以抗辩杜老太太的腾房请求。最后，虽然杜老太太这次的腾房诉讼可能得不到法院支持，但是杜老太太可以另行确认合同无效，再要求腾房，后期还是存在很大风险。

笔者建议如下。第一，积极应对这次腾房诉讼，争取继续居住在房屋内。第二，收集证据，为之后的诉讼做准备。

法院最终认为姜女士和杜老太太之间存在口头转让合同，效力未确定，姜女士出资的问题也未解决，驳回杜老太太的腾房请求。杜老太太提起上诉，二审予以维持。

（三）确认合同无效之诉

杜老太太第一次提起的腾房诉讼，没有达成其目标，随后其调整诉讼策略，提起了确认合同无效诉讼，请求确认合同无效，要求腾房，并支付占用费。理由如下。第一，合同不是杜老太太与姜女士达成的，事后也未得到杜老太太的追加确认。第二，房屋属于限价房，姜女士没有购买资格，违反强制性规定，合同无效。

笔者认为，对于对方第一个理由，姜女士可以提交证据，且已经在腾房诉讼中得到法院认定，问题不大。对于第二个理由，由于双方之间达成的合同，的确违反了北京市政府关于限价房转让的规定，法院对于此问题的认定决定了合同是否有效，这一点对姜女士很不利。另外，做好出现最坏结果的准备，在合同被确认无效，面临腾房的情况下，争取较长的时间腾房，由于房价不断上涨，时间越长房价越高，所以可为以后评估时点的评估房价做好准备，争取在评估中得到较高的评估价格。

本案如期开庭，法官将争议焦点归结为杜老太太和姜女士达成口头合同的内容、性质及效力。

笔者分析如下。首先，转让合同是经杜老太太同意才达成的，在买房的过程中，房屋合同的签订、入住手续的办理，杜老太太都全程参与，并且予以配合，在腾房诉讼中，法院对此事实也已予以认定。其次，合同是合法有效的，并不存在无效的情况。第一，本案并不存在《中华人民共和国合同法》第五十二条规定的无效情形。第二，限价房在本质上是商品房的一种，但在价格、面积上有所限制，且相关法律并未限制限价房的交易，只是在北京市政府规章中规定，如未满5年，转让房屋需要通过政府回购的方式，如已满5年，转让房屋只需要交纳一定的土地收益。从规章中可以看出，只是对转让条件进行了限制，并未禁止转让。第三，退一步讲，做出限制交易的是市政府行政规章，并不是具有效力性规定的法律、行政法规，所以不能以此来认定合同无效。再次，本案是在房价上涨的情况下，对方被利益所驱，不顾事实和诚信的起诉。目前，姜女士已支付了房屋的全部房款，并对房屋进行了装修也一直居住其中，而且再过几年房屋就可以过户，如判合同无效，显失公平。最后，如果法院最终认定合同无效，判令腾房，法院也应当考虑对方现在有其他住房，而姜女士只有这唯一住房，无其他住房，且出资问题未解决，对方是恶意违约等因素，要给姜女士留有合适长度的时间去解决上述问题，保障姜女士基本的居住权益，至少应当给姜女士十二个月的腾房时间。

法院最终认为，双方系借名买房关系，由于限价房的购买对象具有专属性，借名购买限价房的行为本身违反了国家相关政策法规的规定，故合同应属于无效，因合同取得的财产应予以返还，关于返还时间，由于双方出资问题未解决，故酌情为十个月。关于房屋使用费，无事实和法律依据，不予支持。最终判决确认合同无效，判决生效后八个月内返还房屋。

姜女士上诉，二审法院驳回上诉，认为姜女士关于购房款及补偿费用可以另行起诉解决。

（四）最后的诉讼

最终，合同被确认无效，此时北京的房价比当初买房时上涨了许多，姜女士也错过了买房的最佳时期，真是"回首前尘彷如梦，梦回无处话凄凉"。过去的已经无法改变，剩下的就是尽力争取弥补。

笔者认为，合同虽然被确认无效，但除了房款等可以要求对方返还之外，姜女士因此受到的损失也可以向对方主张，特别是对于房屋增值这一部分的损失，争取得到法官的认可，从而最大限度地弥补损失。

腾房期满后，姜女士主动提起了诉讼，笔者为其设计的诉讼

房不胜防

请求如下。第一，返还购房款 60 万元。第二，返还契税、维修基金等各种税费共计 3 万元。第三，支付房屋增值损失（房屋评估价格减去购房款）200 万元。第四，支付诉讼费、鉴定费。

在审理过程中，对方提起了腾房强制执行申请，姜女士积极地和执行法官沟通，表明现在与对方正在进行关于购房款返还的诉讼中，只要此纠纷解决，姜女士立即腾房，最终取得了执行法官的理解，暂缓执行。

庭审中，姜女士申请了房屋现在市场价（包含装修费）的鉴定评估，在评估时点，房价比之前上涨了很多，最终鉴定评估为 260 万元。

法院最终认为，虽然房屋未满 5 年，不具备上市交易条件，但房屋现在的实际价格与当初相比已有巨大增加，考虑双方过错程度，遵循公平和诚实守信原则，杜老太太应当赔偿姜女士房屋增值部分的损失。法院最终判决杜老太太返还姜女士购房款 60 万元，税费 3 万元，支付房屋增值损失 150 万元，并支付部分诉讼费、鉴定费。

一审判决后，对方没有上诉，在对方将所有款项支付给姜女士之后，姜女士主动腾房。历时两年多，经过三个诉讼，结果终于确定。姜女士搬离了原本以为会属于她的房屋，之后，用返还的房款、赔偿的损失，加上部分贷款，又在原房屋附近购买了一套商品房。笔者问她为什么还在附近购买房屋，她回答："有些东西已经习惯了，舍不得。"

办案解析

（一）限价房

限价房主要是各地政府为了调整住房供应结构，稳定住房价格，保障民生，在出让土地的时候，对销售对象、套型面积、销售价格等进行限制的房屋。

对于限价房的销售，各地政府都有不同的规定，一般主要销售对象是本市中等收入、住房困难的城镇居民家庭，征地拆迁过程中涉及的农民家庭，以及市政府规定的其他家庭。

对于限价房的套型面积，也都有一定的限制。在北京市，套型建筑面积以90平方米以下为主，其中，一居室控制在60平方米以下，两居室控制在75平方米以下。

对于限价房的转让，各地政府也都有不同的规定，就北京市而言，取得房本不满5年的不得转让，的确需要转让的，只能向房管部门申请回购。取得房本满5年的可以转让，但应交纳一定的土地收益的价款，土地收益的价款一般按照届时同地段普通商品住房价格和限价商品住房价格之差的一定比例交纳，在北京市该比例为35%。

（二）限价房转让须谨慎

如本案一样，实际中有的人有购房指标，但是不使用，有的人想购房，但又没有指标，于是双方一拍即合，买房人支付给出卖人一定的费用，由出卖人签订合同、购买房屋，等到房屋上市之后再办理过户。

随着房价的上涨，出卖人面对利益的诱惑，利用限价房本身的限制转让等规定，主张转让合同无效，而法院也会以违反了国家相关政策法规的规定为理由，认定合同无效，最终买受人可能是南柯一梦。

由于限价房的转让存在种种限制，买受人在购房的时候，要充分考虑各种情况，评估风险。在签订合同的时候，可以约定较高的违约责任，明确符合上市条件后的过户时间，此外，要注意高达35%的土地收益价款，约定明确此价款由谁来交纳，防止产生纠纷。另外，由于限价房的转让经常发生在熟人之间，双方往往不注重书面的证据，一旦发生纠纷，就会纠缠不清。因此，双方应当签订书面协议，买受人要将购房合同、转账记录、房本、装修凭证等证据保存好，及时入住，及时办理过户手续。

（三）房屋增值损失

对限价房、经济适用房等的买卖行为，因为其违反了国家相关政策法规等规定，可能被法院认定为无效。当合同被认定为无效后，房屋被返还，但由于房价已经上涨了许多，当初购房时的房款已经远远不足以支付现在高价的房屋，买受人此时会面临巨大的损失。对此，买受人除了要求返还购房款之外，还可以要求支付部分房屋增值损失，以此来弥补自己的损失。在本案中，通过评估，房屋增值200万元，最终法院支持了150万元，这在一定程度上弥补了姜女士的损失。

（四）腾房诉讼

在房屋买卖中，特别是在借名买房中，当产生纠纷时，出卖人经常直接起诉买受人，要求腾房，但往往会被法院以存在合同关系等理由，驳回出卖人的腾房请求。在实践中，腾房诉讼并不是像想象的那么简单，认为只要是产权人，想让腾房就腾房，对于依据合同或其他正当权利居住在房屋内的人，必须先将这种占有房屋的基础法律关系解决，才能进一步要求腾房。如本案中，杜老太太刚开始直接起诉要求姜女士腾房，法院以存在合同关系为由，驳回了杜老太太的腾房要求。在吸取经验后，杜老太太第二次起诉要求确认合同无效，并进行腾房，最终，法院在确认合同无效后，才判令腾房。

（五）最坏的结果，最大利益的争取

在实践中，有的律师经常不对委托人进行充分的风险提示，而只描绘最好的结果，当最终结果不理想时，便开始"破罐子破摔"，没有尽到为委托人在最坏的结果中争取最大利益的义务。有时，最终的结果可能不理想，但作为律师，在充分告知委托人风险的情况下，也应当为委托人充分地考虑，争取在最坏的结果中，

房不胜防

争取到最大的利益。

如本案中，笔者将合同可能被确认无效，并面临腾房的风险，充分告知姜女士，并且充分考虑了后续的居住、评估和执行等问题，为姜女士争取了十个月的腾房时间。在腾房期满之后，提起返还房款诉讼，在执行中取得了法官的理解，最终暂缓执行。在此期间，房价一直上涨，等到确定评估时点的时候，房价已比之前上涨了很多，最终评估了较高的价格。最后，坚持只有对方先履行判决义务，支付全部款项后，姜女士才能腾房，保证了姜女士能及时获得全部款项。

编后

历时两年多，结果终于确定，对于姜女士而言，无论结果是否满意，但终于解脱了，也许旁人很难体会姜女士的感受，姜女士作为工薪阶层，一套房屋可能是她一家人一生的住所。面对上涨的房价，原本以为至少有一套房屋可以作为避风港，现实却给了姜女士不小的打击，曾经的友情和信任荡然无存。在诉讼中，面对不确定的结果，姜女士度过了许多不眠之夜。而这也给买房人提了一个醒，利益和风险总是相伴的，在获得利益的同时，也要充分评估风险，这风险自己是否能够承担得起。

南柯一梦——一套限价房的转让

法 条 链 接

《中华人民共和国合同法》

第五十二条　有下列情形之一的，合同无效：

（一）一方以欺诈、胁迫的手段订立合同，损害国家利益；

（二）恶意串通，损害国家、集体或者第三人利益；

（三）以合法形式掩盖非法目的；

（四）损害社会公共利益；

（五）违反法律、行政法规的强制性规定。

第五十八条　合同无效或者被撤销后，因该合同取得的财产，应当予以返还；不能返还或者没有必要返还的，应当折价补偿。有过错的一方应当赔偿对方因此所受到的损失，双方都有过错的，应当各自承担相应的责任。

《北京市高级人民法院关于审理房屋买卖合同纠纷案件适用法律若干问题的指导意见（试行)》

第六条　相关政策、法规规定的限制上市交易期限内买卖已购经济适用住房，当事人主张买卖合同无效的，可予支持。政策、法规有新规定的，适用其规定。

出卖人转让的经济适用住房的原购房合同系 2008 年 4 月 11 日（含）之前签订，当事人又在转让该已购房屋的合同中约定在限制上市交易期限届满后再办理房屋所有权转移登记或在一审法庭辩论终结前该房屋已具备上市交易条件的，可以认定合同有效。

房不胜防

经出卖人主张房屋买卖合同被确认无效的后果，适用《合同法》第五十八条的规定，并考虑居住安置问题妥善处理，在认定买受人所受损失数额时应当综合考虑出卖人因房屋升值获得的利益、买受人因此丧失的订约机会损失、买受人装修房屋的添附价值及双方的过错程度等因素，公平合理的予以确定。

《北京市限价商品住房管理办法（试行）》

第二十六条　购房人取得房屋权属证书后5年内不得转让所购住房。确需转让的，可向户口所在区县住房保障管理部门申请回购，回购价格按购买价格并考虑折旧和物价水平等因素确定。回购的房屋继续作为限价商品住房向符合条件家庭出售。

购房人在取得房屋权属证书5年后转让所购住房的，应按届时同地段普通商品住房和限价商品住房差价的一定比例交纳土地收益等价款。具体比例由市建设、国土资源、发展改革、财政等部门研究确定，经市政府批准后实施，并可根据房地产市场变化等情况按程序适时调整交纳比例。

风雨飘摇
——离婚中的央产房

编前

北京作为首都，这一有别于其他城市的身份，也因此具备了许多它特有的标志，如天安门广场、人民大会堂。在房屋中，北京也具备了它特有的一类房屋——中央在京单位已购公有住房，俗称央产房。由于央产房本身的特殊性，所以在买卖过程中对其有特殊要求，若稍不留意，则合同可能难以履行。笔者下文要介绍的案件，便是一套央产房的买卖，出卖人想利用央产房交易的特殊性来解除合同，案件的审理也风雨飘摇。

办案回眸

（一）离婚后的央产房

1995 年，尹女士和柳某相识结婚，并居住在柳某承租的其单位的公房中，婚后不久两人感情破裂，1997 年，经法官调解，双方同意离婚。房屋的大间、阳台由尹女士居住使用，至其另有住

房 不 胜 防

房时止。小间、门厅由柳某居住使用,门厅允许尹女士通过,厨房、厕所由双方共同使用。1998 年,柳某搬离了房屋,该房屋一直由尹女士居住。2001 年,此房屋房改,柳某花了 8 万元,以自己的名义购买了此房屋。

(二)房屋买卖

柳某一直不在此房屋居住,所以想将房屋直接转让给尹女士,2003 年,柳某和尹女士签订了房屋买卖协议,柳某将房屋以 20 万元的价格转让给尹女士,柳某承诺尽快将产权证办下来,并过户至尹女士名下。合同签订后,尹女士按照合同约定,支付了 10 万元给柳某,待过户后,再支付剩余 10 万元。虽双方已离婚,但彼此毕竟是熟人,先支付的 10 万元,尹女士让柳某以其代理人的身份直接从尹女士的银行卡中取出。2008 年,柳某取得房屋产权证,但却拒绝将房屋过户到尹女士名下。

(三)起诉与反诉

居住多年的房屋,面临无法过户的问题,尹女士无奈之下,只好咨询笔者,笔者听了尹女士的讲述后,给其分析如下。

由于本次交易中的房屋是特殊的央产房,相比于普通的房屋,其在交易的程序上有一些强制性的规定,并不是只要买卖双方同意就可以办理,还必须经过央产房交易办公室审核,符合上市条件,取得变更登记通知单后,方可在房管局办理相关手续。如未

风雨飘摇——离婚中的央产房

经过央产房交易办公室审核，则合同很难继续履行下去，所以能否过户的关键在于房屋是否符合上市条件。

听了笔者的分析，尹女士委托笔者提起了诉讼，要求柳某协助将房屋的所有权转移登记到尹女士名下。随后，柳某提起了反诉，认为已经超过诉讼时效，尹女士的10万元房款未支付，并且房屋不符合上市条件，要求解除合同。

（四）意外的鉴定结果

在柳某的反诉理由中，房屋不符合上市条件这一点是意料之中的，但10万房款未支付这一点却出乎意料。针对该理由，尹女士向银行调取了当时柳某代取款的凭证，该凭证背面写的取款代理人为柳某，将其作为证据提交，尹女士心想这下可算踏实了。没想到柳某当庭否认该签字为自己所签，法院进行了笔迹鉴定。笔迹鉴定的结果又出乎尹女士的意料，鉴定结论是取款凭证上的笔迹非柳某本人所写。这意外的鉴定结果，顿时让尹女士处于不利地位。

面对困境，笔者建议如下。第一，尹女士坚持当时的确是让柳某取款，并且柳某可能会用左手签字，把这一情况向法院说明，申请第二次笔迹鉴定。第二，实际上，从合同签订到现在的多年中，房屋一直由尹女士居住，柳某一直未向尹女士主张过10万元房款，从中亦可以看出，10万元的房款柳某已经收到。第三，向法官表明，即使鉴定取款凭证不是柳某的笔迹，现在尹女士也愿意支付 20 万元给柳某。第四，合同上并未约定，未支付房款合同就要解除，另外本案交易属于特殊情况，双方之前是夫妻关系，房屋也是一直由尹女士居住，目前尹女士名下无其他住房，只有此房屋可以居住，而柳某名下还有其他住房。

将上述情况向法官说明之后，法官表示不用进行左手笔迹鉴定了，会综合考虑。

（五）央产房办公室

笔迹鉴定的结果让尹女士处于不利地位，剩下的另一个焦点，便是房屋是否符合上市条件，就该问题，笔者向法院提出了调查取证申请，申请法院对该问题进行调查核实。在笔者的一再坚持下，法院向央产房交易办公室发出了协助调查函。随后央产房交易办公室答复，房屋属于央产房，可上市交易，在上市之前，需要在央产房交易办公室办理央产房产权变更登记，之后便可以去房管局办理相关业务。在得到了央产房交易办公室的明确答复后，笔者悬着的心暂时稍微放下。

（六）最终的判决

虽然央产房交易办公室答复该房屋可以上市，但最终的认定还是由法院来进行，另外笔迹鉴定结果对尹女士非常不利，所以对于最终的结果，笔者的心中也是十分忐忑。经过漫长的等待，终于等来了判决，法官认为，房屋经央产房交易办公室答复，符合上市条件，具备办理转移登记的条件，至于未按约定支付房款，属于合同之债，现尹女士同意支付全部房款，合同具备继续履行的条件，应以继续履行为宜。另外，尹女士要求的协助办理产权转移登记，实现物权所有权，不适用诉讼时效，柳某主张超过诉讼时效，缺乏法律依据，予以驳回。

办案解析

（一）央产房

央产房是指中央在京单位已购公有住房。已购公有住房是指职工按房改成本价或标准价购买的原产权属于中央在京单位的公有住房或者由中央在京单位建设的安居工程住房和集资合作建设的住房。

央产房的出售，相比于经济适用房、限价房，除了与产权单位有合同约定外，法律上并没有年限的限制，但对其转让的条件，还是具有明确规定的。

央产房的转让需要提供与原产权单位签订的公有住房买卖合同，物业费、供暖费结清证明，住房档案，面积超标的须经原产权单位按规定做超标处理，保密审查等，并且最终须经过央产房交易办公室审批，取得《在京中央单位已购住房产权变更登记通知单》之后，才可以到房屋交易部门办理权属转移登记。

房不胜防

涉及的税费，除正常的税费之外，买受人在办理房屋权属登记手续时还应当按当年房改成本价的1%补交土地出让金或相当于土地出让金的价款。

（二）央产房转让

在买卖的过程中，除了要注意普通房屋转让需要注意的问题之外，对央产房本身的特殊性问题也需要注意。央产房买卖合同能否履行的关键在于其是否经过央产房交易办公室的上市审批，这也是法院审理此种类型案件的重点，法院一般会通过协助调查函、现场调查核实等情况对这个问题进行核实，只有房屋符合上市条件，法院才会进一步考虑其他方面，再决定合同是否履行。

取得央产房交易办公室的《在京中央单位已购住房产权变更登记通知单》只是最终的审批结果，在此之前还有许多前置性程序需要走完，如取得物业费、供暖费等结清证明，如果面积超标的话，还需要经原产权单位进行达标处理，如果涉及保密等问题，房屋则难以上市交易，上述环节中任何地方出了问题，都可能导致合同难以履行。这就需要在购买央产房的时候，充分考虑上述风险，并对上述环节进行明确约定，以此降低风险的发生。

（三）证据保管

法院对于案件的审理主要是以证据为基础，本案中取款凭证笔迹鉴定的意外结果，直接导致了法院对于未付房款事实的认定。

虽然经过努力，法院最终认定房款未支付不影响合同的继续履行，但如果当初尹女士能够注重对证据的保管，例如让对方签个收条等，就可以避免陷入后面的困境。在生活中，许多交易都发生在熟人之间，往往因此忽视了对证据的保管，当后期产生纠纷时，则可能陷入无法举证的困境，最终有理却难以主张。所以即使在与熟人的交易中，也需要有保管证据的意识，证据在手，才有理可伸。

（四）产权转移的诉讼时效

本案的柳某在反诉中提出，尹女士的起诉已经超过诉讼时效，应当予以驳回。在诉讼中，诉讼时效至关重要，超过了诉讼时效，可能直接导致败诉，但是涉及房屋所有权转移变更的诉讼，不受诉讼时效的限制。不过笔者还是建议及时主张自己的权利，早解决，早放心。

（五）离婚中的承租公房

对于承租的公房，承租人只有使用权，其所有权属于单位，由于这一特殊性，对离婚中承租公房的处理，存在许多疑问：法院能否处理？如何处理？

首先，对于离婚中涉及承租公房的问题，法院应当予以立案受理。其次，由于房屋所有权归属于单位，法院不可对房屋所有权的归属进行认定，但是可以对居住权进行判决。在本案的离婚

房不胜防

纠纷中，法院就是对房屋的居住权进行了明确的处理，保障了尹女士的居住权。

编后

经过离婚中居住权的认定，房屋买卖合同诉讼，中间意外的鉴定结果，央产房办公室的答复，一审胜诉，二审维持，艰难的执行，房屋终于过户到尹女士名下。房屋买卖可谓是普通老百姓一生中最大的一笔买卖，而这笔最大的买卖却不像一般商品一样，一手交钱，一手交货。房屋买卖本身的交易流程复杂，又不时地受到政府调控政策的影响，再加上如本案中的特殊性房屋，更是受到种种政策限制，使整个房屋交易过程充满了不确定性，稍不留意就可能交易失败。当购房者购房时，特别是购买一些特殊性房屋时，需要全面了解整个交易流程，未雨绸缪。

法条链接

《中央在北京单位已购公房上市出售管理办法》

第二条 本办法适用于中央在京单位已购公房首次进入市场出售的管理。

本办法所称已购公房，是指职工按房改成本价或标准价（含标准价优惠办法，下同）购买的原产权属于中央在京单位的公有住房。职工根据国家政策，按照房改成本价或者标准价购买的由中央在京单位建设的安居工程住房和集资合作建设的住房，也视为已购公房。

第九条　上市出售的已购公房，由买受人在办理房屋权属登记手续时按当年房改成本价的1%补交土地出让金或相当于土地出让金的价款。

《最高人民法院印发〈关于审理离婚案件中公房使用、承租若干问题的解答〉的通知》

一、问：在离婚案件中，当事人对公房的使用、承租问题发生争议，人民法院可否予以处理？

答：在离婚案件中，当事人对公房的使用、承租问题发生争议，自行协商不成，或者经当事人双方单位或有关部门调解不成的，人民法院应根据案件的具体情况，依法予以妥善处理。

二、问：夫妻共同居住的公房，在什么情况下，离婚双方均可承租？

答：夫妻共同居住的公房，具有下列情形之一的，离婚后，双方均可承租：

（一）婚前由一方承租的公房，婚姻关系存续5年以上的；

（二）婚前一方承租的本单位的房屋，离婚时，双方均为本单位职工的；

（三）一方婚前借款投资建房取得的公房承租权，婚后夫妻共同偿还借款的；

房不胜防

（四）婚后一方或双方申请取得公房承租权的；

（五）婚前一方承租的公房，婚后因该承租房屋拆迁而取得房屋承租权的；

（六）夫妻双方单位投资联建或联合购置的共有房屋的；

（七）一方将其承租的本单位的房屋，交回本单位或交给另一方单位后，另一方单位另给调换房屋的；

（八）婚前双方均租有公房，婚后合并调换房屋的；

（九）其他应当认定为夫妻双方均可承租的情形。

六、问：离婚时，一方对另一方婚前承租的公房无权承租的，可否暂时居住？

答：离婚时，一方对另一方婚前承租的公房无权承租而解决住房确有困难的，人民法院可调解或判决其暂时居住，暂住期限一般不超过两年。暂住期间，暂住方应交纳与房屋租金等额的使用费及其他必要的费用。

住有所居
——拆迁安置房的居住权

编
前

在如今疾风暴雨般的城市化进程中，因拆迁而"一夜暴富"的新闻早已不绝于耳，虽引得人们羡慕，但如不能有效地处理这笔财富，则往往容易引起家庭纠纷，亲人反目，最终相见于法庭。下文笔者要介绍的案件，便是因拆迁获得安置房而产生的纠纷，由于安置房本身的特殊性，外加立法中的空白，使得案件的审理过程曲折反复，经过事实和法理的拉扯，最终使委托者住有所居。

办案回眸

（一）拆迁获安置房

2002 年，张女士和陆某结婚。随后，张女士将户口迁到陆某父亲陆老先生名下的房屋，并在此房屋居住，一家人其乐融融。

　　　　　　　　　　　　　　　　　　　　房 不 胜 防

2008 年，该地区启动房屋拆迁项目，陆老先生名下的房屋面临拆迁。按照拆迁政策，陆老先生名下的 180 平方米的老房屋，可以按照 1:1 的比例置换相同面积的两套两居室，但两套两居室不能够安置老房屋包括张女士在内的共计 7 人。陆老先生以人口多，住房困难为由，申请增加安置房面积，经过审批，最终陆老先生又增加了一套安置房，超出的面积，按照优惠价格补交房款。

2009 年，拆迁人和陆老先生签订了拆迁补偿安置协议，安置人口 7 人，置换房屋三套两居室，共计 240 平方米。随后陆老先生腾退了老房，补交了购房款，搬进了安置房，其中一套房屋由张女士一家居住。

2012 年，张女士和陆某经人民法院调解离婚，离婚后，张女士居住在安置房中。

（二）第一次腾房诉讼

张女士和陆某离婚后，陆老先生便要求张女士搬离安置房，张女士未搬离。随后，陆老先生便将张女士告上法庭，要求张女士腾退房屋。经过审理，法院最终以房屋所有权未确定为由，驳回陆老先生的起诉，告知其待房屋所有权确定后，可以另行主张。

（三）第二次腾房诉讼

2014 年，安置房取得了房本，房屋登记在陆老先生一人名下。房屋所有权确定之后，陆老先生随即提出第二次腾房诉讼，要求张女士腾退房屋，并且支付居住期间的房屋使用费。

接到法院传票后，张女士才得知房屋已经取得房本，陆老先生是唯一的房屋所有权人。张女士这下慌了，上次起诉，法院以房屋所有权未确定为由驳回腾房诉讼，如今房屋所有权已确定为陆老先生一人所有，这次看来是凶多吉少了。慌乱中的张女士找到笔者咨询，抱着试一试的心态看能否保住房屋。

笔者听完张女士的讲述，给其分析如下。第一，在第一次腾房诉讼中，法院以房屋所有权未确定为由驳回腾房诉求，并阐释待房屋所有权确定后，可以另行主张。上述判决主要指当时房屋所有权状态未确定，腾房纠纷不宜在此状态下解决，并不是指只要房屋所有权确定了，就会支持腾房诉求，即是否支持腾房诉求，是在房屋所有权确定的基础下，还有其他的事实需要查明才可确定。第二，目前房屋所有权已经登记在陆老先生名下，外加前期的拆迁安置协议、购房合同、购房款都是陆老先生签订及补交的，从这些方面来看，房屋所有权属于陆老先生，这点对张女士非常不利。但从拆迁安置补偿协议来看，虽然签订人是陆老先生，但其中安置人口 7 人，明确包括张女士，张女士应当享有在安置房居住的权利，该权利并不因张女士不是房屋所有权人而被排除。第三，张女士除了积极应诉之外，还可以提起反诉，从被动转变为主动，要求确认张女士对房屋享有居住权，这样可以根本上保障张女士的居住权益。第四，提出申请财产保全，将房屋予以查封，防止对方在案件审理中将房屋出卖。

房不胜防

（四）反诉

张女士接受了笔者的建议，在积极应诉的同时，提出了反诉，要求确认张女士对房屋的居住权。

案件如期开庭，法院将争议焦点归结为房屋的取得是否考虑到张女士的人口或户口因素。

陆老先生主张，目前房屋所有权已经确定归自己所有，房屋也是由自己单独所有的老房屋拆迁置换而来，拆迁补偿安置协议及购房合同均是由自己单独所签，补交的房款也是由自己单独支付，拆迁补偿安置协议上列有张女士的名字，仅仅是当时拆迁人例行惯例书写上的，实质上所获安置房屋没有张女士的任何因素，另外，已经将人口周转费支付给张女士，张女士已经在拆迁中获得补偿。

笔者主张如下。第一，张女士自结婚就一直居住于被拆迁的老房屋，户口也一直在其中。第二，从拆迁补偿安置协议来看，张女士也是被安置人口，安置房正是因为考虑了张女士的人口和户口因素，才予以获得，张女士对安置房享有居住权。第三，张女士除了居住在安置房屋之外，并未获得其他任何补偿。第四，申请法院调取拆迁档案，进一步查明安置房的取得是考虑了张女士的因素。

（五）调取拆迁档案

关于拆迁档案的调取，笔者曾经向拆迁人调取过，但拆迁人不予提供，只好申请法院予以调取。

法院将拆迁档案予以调取，根据拆迁方案，房屋置换原则上以1：1的比例置换老房屋面积，最多不应超出10平方米。但陆老先生所置换房屋的面积超过了老房屋面积的60平方米，结合拆迁方案、住房困难申请表、审批表等材料，可见陆老先生是将张女士列为安置人，作为住房困难考虑的因素，以此提出增加安置房面积的申请，并获得安置房。调取拆迁档案之后，又进行了第二次开庭，之后便是等待判决。

法院最终判决，根据拆迁档案可以看出，张女士的人口因素在陆老先生申请增加安置房面积的过程中，成为拆迁人考虑的因素，在张女士未因老房屋拆迁获得其他补偿的情况下，主张享有安置房的居住权于法有据，确认张女士对安置房享有居住权，驳回陆老先生的诉求。随后，陆老先生提起上诉，二审予以维持。

办案解析

（一）房屋居住权

居住权，作为用益物权的一种，指对他人所有的住房依法占有、使用的权利，在拆迁安置、承租公房、离婚等纠纷中，往往涉及居住权的处理。法院一般从保障一方当事人居住的角度，判令其对房屋享有居住权，在拆迁安置房纠纷中，法院一般对居住权不加期限限制，在承租公房、离婚纠纷中，法院一般对居住权有期限限制，如两年或截至有房止。

居住权一般具有无偿性、不可转让性，不需要向房屋所有权人支付房屋使用费用，也不能转让、继承，待权利人死亡，其居住权便消灭。

（二）拆迁安置房

在拆迁安置中，一般会考虑户口、人口等因素，来决定置换安置房的面积，虽然最终安置房往往登记在被拆迁房屋所有权人一人名下，但拆迁补偿安置协议上的其他被安置人对于安置房具有居住权，该种权利并不因被安置人不是房屋所有权人而丧失。

在拆迁安置中，同一户口或居住在同一房屋的被安置人基本都是亲属关系，在与拆迁人谈判的过程中，为了获取更多补偿，往往会同心协力。而在获得补偿之后，如不能处理好补偿的分配，则容易产生纠纷，而当对簿于法庭时，则常由于证据的缺失，导致事实难以查明，权利难以维护。为此，作为其他安置补偿人，不要因碍于情面而什么都不做，要注意有关材料的保存，特别要在安置房申请书、拆迁安置补偿协议上体现出自己也是被安置人，因为材料上的一个名字也许就决定了自己是否享有居住权。

（三）腾房诉讼

在本案中，对方第一次提出腾房诉讼，最终被法院以房屋所有权未确定为由驳回，待房屋所有权确定后，可以另行主张。像本案这种因拆迁产生的纠纷，在房屋所有权未确定的情况下，法院一般会直接驳回腾房诉请，释明待房屋所有权确定后，可以另行主张。

另外，法院释明待房屋所有权确定后，可以另行主张，仅仅是法院认为房屋所有权确定是腾房诉讼的一个前置性基础，并不等于法院认为只要房屋所有权确定了便支持腾房诉请，是否予以支持，还需要审查其他方面。

（四）主动出击

在本案中，对方两次主动提出腾房诉讼，张女士疲于应对，笔者认为，即使最终驳回了对方的腾房诉请，张女士的居住权还是难以获得最终保障，建议直接主动出击，提请反诉，要求确认对房屋享有居住权，从而最终解决问题。

编后 张女士收到二审判决书后，她的心才得以安定，终于可以安心居住了。笔者承办过许多类似案件，相比张女士，许多人就没有这么幸运了，许多人虽然最终法院确认了其居住权，但由于之前未居住其中，导致拿着确认判决也难以入住，存在公力救济执行困难，由此产生私下暴力救济，原本破裂的关系更加面目全非。这也是立法、执行需要解决的问题，理顺所有权和居住权的关系，使确定的居住权得以实现。

房不胜防

法 条 链 接

《中华人民共和国物权法》

第三十二条 物权受到侵害的，权利人可以通过和解、调解、仲裁、诉讼等途径解决。

第三十三条 因物权的归属、内容发生争议的，利害关系人可以请求确认权利。

第一百一十七条 用益物权人对他人所有的不动产或者动产，依法享有占有、使用和收益的权利。

第一百二十条 用益物权人行使权利，应当遵守法律有关保护和合理开发利用资源的规定。所有权人不得干涉用益物权人行使权利。

《北京市高级人民法院关于审理房屋买卖合同纠纷案件适用法律若干问题的指导意见（试行)》

第十一条 出卖人因婚前购买、拆迁安置等原因单独享有房屋所有权，其配偶、其他亲属或被拆迁安置人因婚姻、亲属关系或拆迁政策规定有权居住该房屋，并形成共居事实，居住人以出卖人转让房屋未经其同意，侵害其居住权益为由，要求确认房屋买卖合同无效的，不予支持。但居住人的相关权益应当得到法律保护。

拆除
——邻家的违法建筑

编
前

"千里修书只为墙，让他三尺又何妨"，六尺巷的故事
可谓家喻户晓，邻里之间相互谦让，其乐融融。现实
中邻里之间经常因相邻权发生纠纷，许多邻里为此相
见于法庭，笔者下文讲述的便是要拆除邻居家的违法
建筑的案件。

办 案 回 眸

（一）忽来的庞然大物

艾先生是一位美国人，作为跨国公司北京代表处代表，已经
在北京居住了多年。2009 年，艾先生在北京购买了一幢联排别
墅，心想在北京总算是安了家，小区的环境很不错，一排整齐的
别墅，屋前阳光充足，屋后有观景小湖。

2010 年暑假，艾先生一家人外出旅游，几个月之后回来发

现，西侧邻居王某家，屋前屋后都被围挡起来，里边砰砰在施工。原来在艾先生外出这段时间，邻居家分别在屋前和屋后加盖了2层违法建筑，前后凸出了两个庞然大物，直接影响了艾先生房屋的采光，屋后的观景小湖，一眼望去，残缺不全，而且房屋墙壁也开始出现裂纹。

（二）艰难的维权

艾先生怒气冲冲地到邻居家，要求施工人员停止施工，工人表示他们拿钱干活，有事找房主。艾先生给房主打电话，结果房主表示这是自家的事情，对艾先生没有影响，因此不会停止施工，双方不欢而散。艾先生又找物业反映，物业表示已经对其进行停工通知，但其不停工，物业也没有执法权。艾先生向有关政府部门反映，得到的答复是会抽空去现场查看，左等右等，却一直未见人影。艾先生又打市长热线，结果和向有关政府部门反映一样，石沉大海。

（三）多管齐下

无奈的艾先生来咨询笔者，笔者给其分析如下，王某的行为在民事上已经侵犯了艾先生的物权，艾先生可以要求其停止侵害，赔偿损失。另外，王某建造的建筑没有规划审批，属于违法建筑，可以申请规划、城管部门予以拆除。

笔者建议从多途径进行维权。第一，向规划、城管部门发申

拆除——邻家的违法建筑

请，要求对违法建筑进行查处，并进行认定，予以拆除。第二，对王某提起民事诉讼，要求停止侵害，拆除违法建筑，恢复原状，赔偿损失。第三，取证，现场固定证据，调取有关规划材料，取得物业协助。

随后艾先生和笔者对现场进行了全方位的拍照摄像，取得了物业停止施工通知书，去规划部门调取了小区建设工程规划许可证及附件、附图等材料，全方面固定证据。

（四）行政诉讼获证据

违法建筑查处申请书发出之后，也是石沉大海，没有任何答复，随后艾先生提起行政诉讼，要求规划、城管部门依法履行法定职责，对违法建筑进行查处。诉讼中，规划、城管部门提交了责令改正通知，认定该建筑为违法建筑，要求进行改正，但并未实施拆除。

（五）民事诉讼复原状

笔者分析，虽然在行政诉讼中并未将违法建筑拆除，但在该诉讼中获得了重要证据，规划、城管部门对该违法建筑进行了认定，这点作为有利证据，可以提起民事诉讼要求拆除违法建筑，恢复原状。

随后艾先生提起了民事诉讼，要求停止侵害，排除妨害，拆除违法建筑，恢复原状，赔偿房屋受损及采光权等损失。

房不胜防

对于建筑是否属于违法建筑，艾先生提交了从规划、城管部门获得的责令改正通知书，法院予以采纳并认定该建筑属于违法建筑。关于房屋损失赔偿，法院进行了关于房屋受损原因、采光权影响等鉴定，经过鉴定，艾先生房屋墙面裂纹以及采光均受到违法建筑的影响。

最终，法院认定，该建筑经规划部门认定属于违法建筑，并且艾先生房屋安全及采光均受该建筑影响，应当予以拆除，恢复原状，另外根据综合考虑，赔偿艾先生的房屋损失。随后，王某提起了二审，二审予以维持。

办 案 解 析

（一）物权保护

随着城市化进程的加快，人们的居住方式从传统的平面式散落居住向聚集式居住发展，之前相隔很远的邻里，如今可能出门便碰头。由于上述居住方式的变化，邻里之间也因此容易产生更多的纠纷，隔壁的噪音、楼上的漏水、邻居家的违建，小则争吵，大则大打出手，常凭着私力解决，却越解越难，甚至导致更严重的后果。

在处理邻里纠纷的时候，由于受到传统认识的影响，许多人认为此种小事根本无须付诸法律，自己的私力便可解决，但结果可能恰恰相反。笔者处理过许多邻里纠纷，处理此类纠纷，首先

拆除——邻家的违法建筑

本着协调的态度，尽量和平解决，但如果协商解决不了，不要走私力解决的途径，而要通过法律的途径维护自己的权益。从实践上来看，付诸法律的途径，最终的结果远远好于私力解决，并且随着《中华人民共和国物权法》的实施，物权的保护也日益全面有力，物权受侵害，找法律，应当会成为主流的维权方式。

（二）相辅相成，多元化途径

本案的解决，离不开多元化的解决途径，笔者为本案设计了行政诉讼和民事诉讼两条途径，力求有效地解决纠纷。笔者依据城乡规划法等，规划、城管部门对违法建筑的认定及拆除的职责，向规划、城管部门申请对违法建筑进行查处。面对申请石沉大海，笔者提起了行政诉讼，在诉讼中，规划、城管部门提交了对违法建筑的责令改正通知书，对违法建筑进行了认定。虽然规划、城管部门并未对违法建筑进行拆除，但是对违法建筑进行了认定，而这也成为民事诉讼中最关键的证据，正是基于此证据，法院最终支持了拆除违法建筑，恢复原状的请求。

本案中，由于违法建筑涉及多重法律关系，笔者充分利用了这一点。由于对违法建筑的认定属于规划、城管部门的职权，对此法院也没有权利认定，即使是民事诉讼，如果没有规划、城管部门对违法建筑的认定，法院也很难对违法建筑予以判令拆除，恢复原状。为解决此核心问题，笔者从行政诉讼途径，促使规划、城管部门对违法建筑的认定，为后续民事诉讼做好准备。

房不胜防

（三）行政机关履行职责

违法建筑除了侵害私人权利之外，也扰乱了公共秩序，受侵害人除了通过民事诉讼维护自己的权利之外，还可以借助行政机关的权力维护自己的权益。如本案中，依据规划、城管部门的职责，申请规划、城管部门对违法建筑进行查处，在申请中要特别注意，依法规范地提出申请，区别于信访行为，信访行为是不能诉，无法对行政机关不作为的行为进行有效的司法救济。而依法提出的履职申请，可以针对行政机关的不作为进行司法救济，从而促使行政机关依法履职，而这也是一个解决问题的有效途径。

编后	经过多次诉讼及鉴定，法院最终判令拆除邻居家的违法建筑，艾先生和王某的邻居友谊也因此受到很大影响，这是邻里纠纷容易产生的问题，赢得了官司，输掉了邻里。买房居住，买的除了是房屋本身，也是房屋周围的居住环境，如今在聚集式居住中，也需要房主人彼此相互理解，多为邻居着想，共同维护美好的大居住环境。

法条链接

《中华人民共和国物权法》

第三十五条　妨害物权或者可能妨害物权的，权利人可以请

拆除——邻家的违法建筑

求排除妨害或者消除危险。

第三十八条　本章规定的物权保护方式，可以单独适用，也可以根据权利被侵害的情形合并适用。

侵害物权，除承担民事责任外，违反行政管理规定的，依法承担行政责任；构成犯罪的，依法追究刑事责任。

第八十四条　不动产的相邻权利人应当按照有利生产、方便生活、团结互助、公平合理的原则，正确处理相邻关系。

第八十九条　建造建筑物，不得违反国家有关工程建设标准，妨碍相邻建筑物的通风、采光和日照。

第九十一条　不动产权利人挖掘土地、建造建筑物、铺设管线以及安装设备等，不得危及相邻不动产的安全。

《中华人民共和国城乡规划法》

第九条　任何单位和个人都应当遵守经依法批准并公布的城乡规划，服从规划管理，并有权就涉及其利害关系的建设活动是否符合规划的要求向城乡规划主管部门查询。

任何单位和个人都有权向城乡规划主管部门或者其他有关部门举报或者控告违反城乡规划的行为。城乡规划主管部门或者其他有关部门对举报或者控告，应当及时受理并组织核查、处理。

第六十四条　未取得建设工程规划许可证或者未按照建设工程规划许可证的规定进行建设的，由县级以上地方人民政府城乡规划主管部门责令停止建设；尚可采取改正措施消除对规划实施的影响的，限期改正，处建设工程造价百分之五以上百分之十以

房不胜防

下的罚款；无法采取改正措施消除影响的，限期拆除，不能拆除的，没收实物或者违法收入，可以并处建设工程造价百分之十以下的罚款。

错综复杂
——一次二手房买卖

编前

笔者执业以来承办过数百件房屋买卖纠纷案件，遇到过各种各样的情况，如无权处分，存在抵押，等等，但基本上一个案件主要集中出现一两类情况。笔者下文要讲述的案件却一次性遇到了多种情况，历经起诉反诉，又涉及共有权人、担保人、中介、住房担保中心、银行等，一次交易牵涉各方利益，犹如打怪兽升级一般，解决一个问题又要面对另一个问题。

办案回眸

（一）签订合同，首付变更

2011 年 3 月，吴先生通过中介的居间服务，看上了白某位于北京市通州区的一套房屋，房屋登记在白某一人名下，白某承诺对房屋拥有完全所有权。最终双方以 130 万元的价格成交，税费

房 不 胜 防

各负担50%，定金1万元，同时约定由于房屋存在80万元贷款未还清，吴先生将首付款80万元直接支付到住房担保中心账号，白某办理房屋解抵押之后，将房屋过户到吴先生名下，当日，吴先生支付剩余房款。

为打消吴先生首付款支付的疑虑，白某的朋友李某为其作担保，担保吴先生将首付款支付到白某住房担保中心账号后，如房屋未能过户到吴先生名下，李某承担一切责任。

由于白某可能还涉及其他债务，在吴先生的要求下，白某和其妻子陈某又写了一份担保书，合同签订后，房屋过完户，白某和陈某的债务与房屋再无关系。

合同签订当日，吴先生依约支付定金1万元。一个月后，白某提出直接把首付款支付到白某个人账户，李某作担保，吴先生也未加深思，于是将首付款80万元直接支付到白某个人账户中。

（二）噩梦开始，抵押未解

吴先生支付完首付款之后，按照合同约定，到了白某还款解抵押的时候，白某却迟迟未有行动。原来，白某并未将吴先生支付的首付款，用来还款解抵押，而是偿还了其他债务。

由于未能还款解抵押，房屋也就不能过户，白某、李某要求延期，等凑齐了钱便去还款解抵押，双方又补签了一份协议，延期一个月还款解抵押。

（三）无权处分，被诉无效

正当吴先生忐忑地等着白某还款解抵押时，一张法院的传票击破了吴先生最后的心理防线。白某的妻子陈某，以自己作为房屋共同所有权人，未同意出售房屋为由，起诉要求确认合同无效。

吴先生心想房屋抵押未解除，如今白某妻子又不同意出卖，这下完了，不仅房屋买不到，而且房款也可能打水漂。

（四）提起反诉，绝地反击

不抱希望的吴先生，找到笔者咨询。笔者仔细看了吴先生提供的材料，告诉吴先生情况并非他想象的那么坏，合同继续履行仍有很大的可能。第一，关于未还款未解抵押的问题，吴先生的首付款未直接支付到住房担保中心账户，而是把钱直接支付到白某个人账户，这的确非常大意，也导致目前未还款未解抵押。如果未还款未解抵押，但房屋存在抵押，合同是不能继续履行的，所以首先要解决的是还款解抵押，但还款解抵押并不一定需要白某的配合，法院可以判令由吴先生直接替白某还款，由住房担保中心、银行直接协助吴先生解抵押。对于住房担保中心、银行来说，一般只要有人把贷款还上，不侵害他们的利益，便配合解抵押。吴先生替白某还上贷款之后，这部分贷款，吴先生可以向白某主张。第二，关于无权处分的问题，房屋虽登记在白某一人名下，但如未经过房屋共有权人同意，合同并非无效，但是合同难以继续履行。另外，目前房屋未过户，也不能适用善意取得制度。不过，幸好在合同签订后，白某和其妻子陈某给白某提供了担保书，虽然主要内容是担保，但从中可以看出，陈某作为房屋共有权人对房屋的出售是知情且同意的。第三，李某作的担保是有效的，吴先生可以要求李某承担连带责任，可以最大限度地保障吴先生的权益。

经过笔者的分析，吴先生豁然开朗，对合同的继续履行有了很大希望。同时，委托笔者提起反诉，反诉请求，判令白某、陈某继续履行合同，并偿还贷款，解除抵押，过户交付房屋，支付违约金，支付50%税费，李某对上述责任承担连带责任。追加中介公司、住房担保中心、银行作为本案第三人。

（五）法庭交锋，合同履行

法院接受了反诉，追加了第三人，案件如期开庭。白某主张，合同未经妻子陈某同意，房屋目前也有抵押，合同难以继续履行。陈某主张，自己对于合同不知情且不同意，合同应属无效，担保书是被胁迫所签。李某主张，担保书是中介人员所起草，自己根本不明白其意思便签字。中介公司主张，对吴先生的诉讼请求没有意见，其他与其无关，愿意协助办理相应手续。住房担保中心、银行主张，作为贷款人和抵押权人，对于合同不知情，合同应属无效。

笔者主张，合同合法有效，虽然陈某未在合同上签字，但从其签订的担保书可以看出，其对于合同是知情且同意的，陈某并未提供证据证明其受胁迫所签。李某作为成年人，完全可以辨识担保书，既然是自愿签字，则应当承担担保责任。白某、陈某应当按照合同约定偿还贷款，但如果拒绝履行偿还贷款，吴先生愿意先行垫付还款，以便解抵押。白某未按照合同约定交付房屋，构成违约，应当按照合同约定支付违约金。

住房担保中心、银行表示，如吴先生还清贷款，则愿意协助其办理还款解抵押手续。

法院认为，通过担保书可见，陈某对合同知情且同意，其称受到胁迫而签字，但未提供证据，不予支持，其作为共有权人负有协助解抵押、过户的义务。李某作为完全民事行为能力人应当为其签署的担保书承担责任。白某未依约履行合同，承担违约责任，其主张违约责任过高，法院结合案情，酌情予以确定。吴先生表示可以先行代为清偿贷款，住房担保中心、银行不持异议，予以支持。

法院最终判决如下。第一，住房担保中心、银行在收到吴先生代为偿还贷款申请后，15 日内协助办理房屋还款、解抵押手续，白某、陈某、李某予以协助。第二，房屋抵押权解除 3 日内，吴先生支付剩余房款给白某、陈某，白某、陈某协助吴先生办理房屋过户，并交付房屋，相关税费吴先生承担 50%，白某、陈某共同承担 50%。第三，白某、陈某、李某共同连带支付吴先生代为清偿贷款项，并且支付逾期过户违约金。

　　　　　　　　　　　　　　　　　　房不胜防

一审判决后，各方均未上诉，吴先生通过执行将房屋过户到自己名下。

办 案 解 析

（一）签订合同须谨慎，无权处分须注意

无权处分，是指出卖人没有处分权，却以自己的名义实施的对他人财产的法律上的处分行为。

在二手房买卖中，夫妻共有的房屋，往往登记在一人名下，在签订合同的时候，也往往由房屋登记在其名下的人签署。而这也常产生无权处分纠纷，在签署合同时彼此相安无事，等出卖人不想继续履行合同的时候，便以无权处分为由提出合同无效或终止履行合同。

无权处分的合同并非无效，只是由于无权处分人未能获得房屋所有权，导致房屋所有权不能转移，合同因此难以继续履行。在实践中，对于无权处分的合同，如果起诉要求继续履行，法官会释明可以主张解除合同，同时主张违约金或赔偿，如坚持要求继续履行，则会被驳回。

无权处分的合同也并非全部不能继续履行，只要符合善意取得或事后另一方予以追认，便可继续履行。需要注意的是，善意取得的判断并不是以过户为唯一要件，如果已过户，但未符合善

意取得的其他要件，另一方还是可以追回房屋。另外，善意取得的判断时间点一般以买受人申请过户登记时为准。

为避免无权处分的情况，买受人在签订合同时，要全面审查房屋所有权状况，除了审查房屋所有权证之外，最好去房产登记中心查一下房屋的登记材料。特别是对于虽然登记在夫妻中一人名下的，但属于夫妻共同财产的房屋，在签订合同时一定也要让另一方签字，或让其签订同意出售房屋的说明。签订合同之后，要尽快办理房屋过户，早日将房屋过户到自己名下。

如果遇到了无权处分的情况，也不要完全失去信心，看其是否有解决的办法，看其是否构成善意取得，是否能够找到其他证据来证明另一方也同意，是否能够取得另一方的追认，争取最大限度维护自己的权益。

（二）存在抵押不要慌，先行垫付解抵押

在二手房交易过程中，会遇到原本约定解抵押，但出卖人却未予以履行，导致抵押未解，合同难以履行的情况。此时，买受人无须慌张，未经抵押权人同意的买卖合同并非无效，解抵押也并非需要出卖人自己解抵押，买受人完全可以通过法院判决，自己先行偿还债务解抵押，解抵押款让出卖人另行清偿。

虽然买受人自己可以通过法院先行偿还债务解抵押，但为避免出现出卖人未解抵押的情况，在合同签订履行的过程中，买受人要积极防止此种情况的发生，例如约定由出卖人自己先行解抵

房不胜防

押后，买受人再支付首付款。如果确实需要用买受人的首付款解抵押，则可以约定将首付款直接支付到抵押银行，双方一起办理解抵押，保障解抵押金的安全。

另外，进入诉讼后要求解抵押，要把抵押权人作为第三人追加进来，法院会询问抵押权人对于解抵押的态度，一般只要有人还款，不侵害抵押权人的权益，抵押权人都会同意协助解抵押。

（三）签字要想清，担保须谨慎

在生活中，许多人碍于亲属、朋友的情面，未加深思，便在担保书上签字。如本案中的李某，其作为白某的朋友，因白某的请求，便直接在担保书上签字，最终法院认定李某和白某要承担连带责任。李某在庭上一直表示，根本不知道要承担如此大的责任，否则绝对不会签字，但作为完全民事行为能力人，李某要为其签的字负责任。

本案中的李某，也给所有人提了醒，亲兄弟明算账，并且不要随便在担保书上签字，该拒绝时，就要拒绝。

（四）税费在诉讼中的处理

在二手房交易的过程中，基本上都是约定税费由买受人承担。如果合同约定税费由出卖人和买受人分比例承担，或者因出卖人承诺的"满五唯一"不真实而导致的税费的增加，买受人在诉求合同继续履行的过程中，肯定涉及税费承担的问题，此时可以在诉讼请求中要求判令税费由对方承担，一次性解决纠纷。

但在实践中，有的法官会以税费未确定或税费属于强制性规定为由，不在判决书中进行判决，可等税费确定后，另案主张。

编后	因篇幅所限，笔者只将本案的主线内容进行了讲述，其他一些旁线还未讲述。其实，看似一个简单的二手房交易，其中却涉及很多法律关系，可能遇到很多风险，这就需要交易的各方谨慎处理。当发生纠纷时，作为律师，更需要厘清整个案件中各方的关系，抓住重点，找到突破口，维护当事人权益。

法条链接

《中华人民共和国物权法》

第九十五条　共同共有人对共有的不动产或者动产共同享有所有权。

第九十七条　处分共有的不动产或者动产以及对共有的不动产或者动产作重大修缮的，应当经占份额三分之二以上的按份共有人或者全体共同共有人同意，但共有人之间另有约定的除外。

第一百零六条　无处分权人将不动产或者动产转让给受让人的，所有权人有权追回；除法律另有规定外，符合下列情形的，受让人取得该不动产或者动产的所有权：

房不胜防

（一）受让人受让该不动产或者动产时是善意的；

（二）以合理的价格转让；

（三）转让的不动产或者动产依照法律规定应当登记的已经登记，不需要登记的已经交付给受让人。

受让人依照前款规定取得不动产或者动产的所有权的，原所有权人有权向无处分权人请求赔偿损失。

当事人善意取得其他物权的，参照前两款规定。

第一百九十一条　抵押期间，抵押人经抵押权人同意转让抵押财产的，应当将转让所得的价款向抵押权人提前清偿债务或者提存。转让的价款超过债权数额的部分归抵押人所有，不足部分由债务人清偿。

抵押期间，抵押人未经抵押权人同意，不得转让抵押财产，但受让人代为清偿债务消灭抵押权的除外。

《中华人民共和国担保法》

第十九条　当事人对保证方式没有约定或者约定不明确的，按照连带责任保证承担保证责任。

第二十一条　保证担保的范围包括主债权及利息、违约金、损害赔偿金和实现债权的费用。保证合同另有约定的，按照约定。当事人对保证担保的范围没有约定或者约定不明确的，保证人应当对全部债务承担责任。

《最高人民法院关于审理买卖合同纠纷案件适用法律问题的解释》

第三条　当事人一方以出卖人在缔约时对标的物没有所有权或者处分权为由主张合同无效的，人民法院不予支持。

出卖人因未取得所有权或者处分权致使标的物所有权不能转移，买受人要求出卖人承担违约责任或者要求解除合同并主张损害赔偿的，人民法院应予支持。

房不胜防

漫漫十年
——住进自己的房屋

编
前

人生不满百年，十年就耗尽了人生不止十分之一的时光。笔者下文要讲述的案件，仅两次诉讼就持续了近十年，如果算上诉讼前后，总耗时近二十年。二十年间，鬓角渐渐花白，爱恨情仇纠葛，过程曲折反复，只为住进自己的房屋。

办 案 回 眸

（一）居住协议

冉先生为某单位员工，1994 年在西城区分得一套公租房居住。1995 年，冉先生和孔某结婚，婚后两人因感情不和，于 1997 年协议离婚。冉先生考虑孔某外地来京，且无房可住，自己可以住在母亲的房屋，且孔某承诺，房屋只住几年，等有了房屋便搬走。冉先生也没多想，毕竟夫妻一场，让孔某住几年也无妨，于是在离婚协议上约定房屋由孔某居住，冉先生搬到其母亲的房屋居住，单位也在协议上盖了章。

（二）拒不搬走

转眼间，离婚已三年，冉先生和母亲居住在母亲40多平方米的房屋，自己的房屋一直由孔某居住。冉先生找到孔某，并表达了孔某已经在此居住三年了，自己住房也不方便，要求孔某搬离自己的房屋。孔某表示自己现在还没有房屋可住，希望再住些日子。

在要求搬离和推迟搬离的拉扯中，两年又过去了，冉先生终于不再妥协，要求孔某搬离。结果孔某不仅没答应搬走，还转变了态度，认为房屋就应该由其居住，这是双方离婚时的条件。

冉先生听到孔某的辩解后，赶紧跑回家，找出离婚协议，看了一遍又一遍，白纸黑字写着房屋由孔某居住。冉先生搬到其母亲的房屋居住。对于孔某居住的期限，当时认为孔某最多住两年，碍于情面，也就没有写进离婚协议，结果现在反倒说不清了。

（三）第一次诉讼

对协商绝望的冉先生，终于决定起诉。2002年，冉先生进行了第一次诉讼，以公房承租人名义，要求孔某腾房。一审法院认为，双方签订的协议均为双方当事人自愿签订，且不违反法律、行政法规强制性规定，属于有效协议，双方不得擅自变更和解除

　　　　　　　　　　　　　　　房不胜防

协议，根据协议，孔某即享有占有、使用该房屋的权利，非因合同约定或法定事由，冉先生不得收回房屋。由于离婚协议书并未约定居住期限及解除条件，且根据本案事实，目前并未出现解除合同的法定事由，判决驳回冉先生的起诉。

随后冉先生提起上诉，二审维持原判，第一次诉讼历时一年多，最终还是有房不能住。

（四）漫长十年

生活中无可奈何的事儿太多，但生活仍然要继续。2007年，冉先生再婚，并育有一子，一家三口居住在母亲的小房屋内。2014年，冉先生将公房买私，办了房本。

孩子逐渐长大，一家三口居住在母亲的房屋感觉越来越拥挤。此时自己的房子已办下房本，也算新证据，冉先生心里升起了希望，但第一次诉讼失败的阴影如影相随，冉先生咨询过其他律师，均答复此案件属于重复起诉，法院不会受理。

怀着忐忑的心情，冉先生向笔者咨询，笔者给冉先生分析了以下几点。第一，目前的情况和十年之前已经完全不同，现在承租公房已经买私，并办了房本，冉先生已经成为房屋的所有权人，物权法在此期间已颁布，因此可以进行第二次腾房诉讼，法院应当受理。第二，虽然第一次诉讼判决驳回了冉先生的请求，但并未认定孔某对房屋享有无限期居住权，只要符合一定条件，冉先生依然可以收回房屋。第三，目前的实际情况是，冉先生已经再婚，孩子也已长大，一家三口和老母亲挤在小房屋内，住房条件艰难，自己有房却不能住，而孔某收入不低，其完全可以自行解决居住问题。

听了笔者的分析，冉先生决定再次起诉，要回自己的房屋。

（五）住进我的房屋

决定起诉之后，笔者指导冉先生开始做前期准备。第一，与孔某进行积极协商，并动之以情，没有防备的孔某，承认了当年离婚协议的意思是指暂时居住，冉先生将此过程录音以固定证据。第二，让冉先生单位出具说明，该房屋在冉先生与孔某结婚之前便已经由冉先生承租，协议上也仅仅是让孔某暂时居住，而房屋租金一直由冉先生交纳，现在单位不同意孔某居住，并且如今冉先生已经办下房本，房屋所有权归冉先生一人。第三，发律师函，通知孔某腾房，尽到催告义务。

催告到期后，冉先生提起了第二次诉讼，要求腾房，交付房屋，并支付房屋使用费。

开庭时，孔某还是坚持房屋由其居住是双方离婚的条件，冉先生再次起诉也属于重复起诉，应当直接驳回。

最终法院认定，协议书是双方真实意愿的表达，合法有效，签署协议时，冉先生是房屋承租人，孔某与房屋并无租赁关系，孔某主张房屋是二人离婚条件，冉先生及其单位不予认可，孔某亦未举证证明，本院不予认可。双方并未约定孔某永久使用房屋，应当是冉先生对于离婚无房的孔某的照顾，现孔某已无偿居住近二十年，如今情况也发生重大变化，冉先生再婚生子，自身住房也存在困难，且冉先生已购买此房屋，成为唯一所有权人，合法权益应当得到保障，孔某应当腾房，将房屋交付冉先生。对于房屋使用费，孔某居住房屋是冉先生对其照顾，且并未约定孔某向冉先生交纳租金或使用费，故该主张不予支持。

一审法院判决后，双方均未上诉，孔某也在判决期限内腾空房屋，并交付冉先生，时隔近二十多年，鬓角已微白，冉先生终于又住进了自己的房屋。

办案解析

（一）离婚时的公房

公房主要是指在特定历史时期，由政府以及企业、事业单位投资兴建的房屋，让居民或单位职工承租居住，承租人只有居住使用权，所有权归政府或单位，主要分为直管公房和自管公房。在房改中，符合一定条件的承租人可以将公房买私，转变为房屋所有权人，买私之后，房屋才可以转让。

在离婚时，由于公房的产权并不属于承租人，承租人只享有居住使用权，双方只能对居住权进行约定，并不能对所有权进行约定。如果协商不成功，可以就居住权问题向法院起诉，法院可以根据实际情况，对居住权进行判决，在审理中，法院一般应咨询单位的意见。

（二）协议要全面

冉先生经过两次诉讼，用了近二十年的时间才将纠纷解决。回首本案，笔者亦为之叹息，试想如果当初在协议中将居住的期限写上，或许后续就不会有这么多的纠纷。笔者也问过冉先生当时为什么不将期限写上，冉先生心有委屈地说，虽然双方离婚，但当时还是有一定感情的，且孔某的确是外地来北京，没有地方住，而孔某也承诺找到房屋就搬离，于是也就没有明确约定居住期限，更没有想到不写期限会给自己带来这么大的麻烦。

正由于上述考虑，冉先生没好意思将期限写在协议中，而这也就成为隐患，导致冉先生无法住进自己的房屋。本案也是众多家庭、离婚纠纷的典型，往往碍于情面，对于一些本应当约定的内容未加约定，从而产生纠纷，且难以举证，导致黑白难辨。

为了避免上述纠纷，要亲兄弟明算账，将"丑话"说在前，白纸黑字，谁都不能抵赖。

（三）一事不再理

在诉讼中有一个"一事不再理"的原则，如本案中，冉先生已经就腾房事宜进行了一次诉讼，未得到法院的支持，冉先生咨询律师时，许多律师告知，按照"一事不再理"原则，冉先生是

房不胜防

不能再进行起诉的。

　　笔者认为，虽然再次起诉的诉讼请求还是腾房，但事实和理由与第一次诉讼有了根本性的变化，冉先生已经从第一次诉讼中的公房承租人变为房屋的唯一所有权人，起诉的身份也已完全不同，所以不属于"一事"范围，法院应当予以受理。

　　在本案第一次诉讼中，法院以无理由解除协议驳回腾房请求，除此之外，有的法院会直接以公房承租人起诉因其不是房屋所有权人，而予以驳回，让承租人在房屋所有权确定后，再另行起诉。

编后

当初离婚时，只因一丝不忍心，冉先生未将居住期限写在协议书中，没想到引发了近二十年的纠纷，这其中的每个人也都精疲力竭，在庭审中，冉先生更是委屈得泪流满面。在二十年间，有很多人建议他直接暴力腾房，但冉先生还是一再坚持走法律途径，除了相信法律之外，冉先生更多的还是不愿以暴力对待对方。在一审判决后，孔某也未上诉，并且很快地搬离了房屋，或许孔某内心对冉先生也有点愧疚。在交接房屋的时候，孔某的律师独自出现，孔某并未出现，笔者陪同冉先生收房，打开房门时，房屋整洁如新。

法条链接

《中华人民共和国民事诉讼法》

第一百二十四条　人民法院对下列起诉，分别情形，予以处理：

（一）依照行政诉讼法的规定，属于行政诉讼受案范围的，告知原告提起行政诉讼；

（二）依照法律规定，双方当事人达成书面仲裁协议申请仲裁、不得向人民法院起诉的，告知原告向仲裁机构申请仲裁；

（三）依照法律规定，应当由其他机关处理的争议，告知原告向有关机关申请解决；

（四）对不属于本院管辖的案件，告知原告向有管辖权的人民法院起诉；

（五）对判决、裁定、调解书已经发生法律效力的案件，当事人又起诉的，告知原告申请再审，但人民法院准许撤诉的裁定除外；

（六）依照法律规定，在一定期限内不得起诉的案件，在不得起诉的期限内起诉的，不予受理；

（七）判决不准离婚和调解和好的离婚案件，判决、调解维持收养关系的案件，没有新情况、新理由，原告在六个月内又起诉的，不予受理。

房不胜防

《最高人民法院关于适用＜中华人民共和国民事诉讼法＞的解释》

第二百四十七条　当事人就已经提起诉讼的事项在诉讼过程中或者裁判生效后再次起诉，同时符合下列条件的，构成重复起诉：

（一）后诉与前诉的当事人相同；

（二）后诉与前诉的诉讼标的相同；

（三）后诉与前诉的诉讼请求相同，或者后诉的诉讼请求实质上否定前诉裁判结果。

当事人重复起诉的，裁定不予受理；已经受理的，裁定驳回起诉，但法律、司法解释另有规定的除外。

《中华人民共和国物权法》

第三十四条　无权占有不动产或者动产的，权利人可以请求返还原物。

第三十九条　所有权人对自己的不动产或者动产，依法享有占有、使用、收益和处分的权利。

《最高人民法院关于审理离婚案件中公房使用、承租若干问题的解答》

一、问：在离婚案件中，当事人对公房的使用、承租问题发生争议，人民法院可否予以处理？

答：在离婚案件中，当事人对公房的使用、承租问题发生争议，自行协商不成，或者经当事人双方单位或有关部门调解不成的，人民法院应根据案件的具体情况，依法予以妥善处理。

六、问：离婚时，一方对另一方婚前承租的公房无权承租的，可否暂时居住？

答：离婚时，一方对另一方婚前承租的公房无权承租而解决住房确有困难的，人民法院可调解或判决其暂时居住，暂住期限一般不超过两年。暂住期间，暂住方应交纳与房屋租金等额的使用费及其他必要的费用。

围魏救赵
——集团诉讼退房

编前

在中国房地产的黄金时代，开发商遍地开花，地王一个高过一个，富豪榜上地产商占了一半。开发商疾风迅雨般地圈地建房，其代价便是房屋建造质量的缺陷。笔者承办过众多商品房维权案件，可谓在立项、规划、施工、竣工整个环节中，开发商或多或少都有问题。笔者下文要介绍的案件，便是一个著名开发商开发的楼盘，明明存在种种问题，却强制购房者收房，无奈的购房者只有联合起来，维护自己的权益。

办 案 回 眸

（一）美好生活，从拥有开始

有一天，杨女士开车路过一建筑工地，被工地上"美好生活，从拥有开始"的巨大标语所吸引，标语旁是建成后的效果图，蓝天白云，高楼矗立，水系精美，杨女士一眼就喜欢上了这个楼盘，早有买房打算的杨女士，直接把车开到了售楼处。

售楼处的销售人员热情地接待了杨女士，售楼大厅中间的沙盘，比效果图更加气派，样本间也处处显示了高端的装修风格。全国著名的开发商，学区房，便利的交通，价格也不算太贵，杨女士已心中有数，回家同家人商量了一下，便与开发商签订了买卖合同，并交了房款。

此后，杨女士路过工地时，总会不自觉向自己购买楼房的位置瞄上几眼，楼层一天天加高，美好生活就要开始了。

（二）说不尽的烦恼

楼房终于建好了，开发商通知收房，满怀期待的杨女士前来收房。走进小区之后，杨女士第一眼看到喷泉广场，便觉得有点不对劲，楼体外侧的装饰线也感觉不对，走到楼下，发现楼下竟然还在施工挖地下车库，上楼进房间后，发现整个装修和样本间的明显不一样。

气急败坏的杨女士准备找开发商反映，刚进开发商的办公室，就发现已经有十几个购房者也在反映这些问题，杨女士听了大家的讨论，终于找到了自己刚进小区时不适的原因。原来，喷泉广场的面积比沙盘及宣传手册上缩小了很多，楼体外侧的装饰线也比宣传中的少。房屋内部的装修，更是和样本间相差太远，简直是面目全非，根本就是"烦恼生活，从拥有开始"。

（三）艰难维权

面对购房者的质疑，开发商答复如下。所有的建设都符合法律规定和合同约定，房屋也已完成了竣工验收备案，所有手续齐全，符合交房条件，即使认为房屋质量有问题，也要先收了房，再协商解决。对于之前宣传的样板间及手册，开发商表示从来没有这样的宣传，爱去哪里告就去哪里告。

面对开发商的强硬态度，购房者前往售楼处对沙盘、样板房取证，结果售楼处早已人去楼空，找到了几张宣传页，上面没有开发商的任何签章，翻看购房合同条文，当初开发商的承诺也未写在合同中。

无奈的购房者一起拉着条幅在小区门口示威，结果开发商没有反映，反倒是警察来了，警察表示有问题可以通过法律途径解决，不能在这儿扰乱秩序，否则要严惩，购房者只好收了条幅。购房者一起去住建局反映，住建局表示要有证据才行，以各种理由推辞，最终没有任何结果。购房者给市长写信，打市长热线，也均石沉大海。

（四）围魏救赵

走投无路的二十几位购房者，一起推举杨女士等三位作为代表咨询律师，准备走法律途径解决问题。咨询了几位律师后，基本都是被告知可以虚假宣传、房屋存在质量问题等理由提出民事诉讼，要求退房。后来，杨女士等找到了笔者，笔者听完他们的讲述之后，认为该案件不能以常规思路进行诉讼，必须另辟新径。

笔者给杨女士分析了如下几点。第一，本案的虚假宣传、房屋质量等问题，可以直接提起商品房买卖合同纠纷民事诉讼，主张开发商违约，要求退房、赔偿。第二，根据目前掌握的材料，开发商当初的种种承诺难以体现，证据的采集存在困难。目前，房屋经过竣工验收备案，符合交房条件，也符合合同约定，如果主张开发商交房不合格，购房者要承担举证责任，而目前购房者很难举证。第三，即使购房者能够实现举证，也很难达到退房的目的，现房屋已经通过竣工验收备案，在法律上符合交付条件，如果仅举证房屋质量存在瑕疵的问题，很难达到退房目的。第四，鉴于上述分析，如果直接以虚假宣传、房屋质量问题等提起民事诉讼，要求退房，存在举证困难等风险，很难达到退房的目的。针对目前民事诉讼中维权困难，可以尝试提起行政诉讼，围魏救赵，针对项目进行信息调查，然后针对其中违法的点，要求政府履行法定职责，如果政府未履行法定职责，则提起行政诉讼，或直接针对某一具体行政行为提起诉讼。行政诉讼由被告举证，并且与之前购房者的信访行为不同，行政诉讼是依据法律，将有关问题在法院审理中解决。在行政诉讼中，法院、政府往往会进行调解，开发商平常在购房者面前处于强势地位，但有了政府的介入，购房者可以和开发商平等地谈判。

根据上述分析，可以将风险高的民事诉讼往后放，前期先进行调查，针对违法点进行行政诉讼，在行政诉讼中与开发商谈判。

最终，杨女士等人决定委托笔者代其维权，由于购房者人数较多，除了常规的手续之外，笔者还让购房者签署了集体维权协议、保密协议，选定代表等，做好前期的准备。

（五）信息调查与行政诉讼

按照此前定的方案，笔者针对整个建设项目的立项、国土、

房不胜防

规划、施工、竣工等流程进行了信息调查。

根据获取的材料，笔者进行了分析，并总结出项目建设存在如下问题。第一，现在楼下开挖地下车库属于无施工许可证施工，并且施工行为严重影响大楼主体安全。第二，建设项目属于高层建筑，却未按照高层建筑消防设计规范对消防车道进行设计，而消防验收却通过了，所以验收存在问题。第三，开发商在原有楼层数的基础上违规加盖一层，属于违法建筑。第四，除上述主要问题之外，在绿化率、车位、水景等方面也存在一定问题。

根据信息调查发现的问题，加上之前存在的虚假宣传、房屋质量等问题，笔者提出了下一步方案。第一，对上述问题向开发商发律师函，要求开发商进行整改处理，并拒绝收房。第二，针对无证施工问题，向主管机关住建局发违法查处申请书，要求住建局对开发商的违法行为进行查处。第三，针对消防验收问题，直接提起行政诉讼，要求撤销消防验收批准文件。第四，针对违规加盖楼层问题，直接提起行政诉讼，要求撤销规划验收批准文件。第五，针对虚假宣传、房屋质量、绿化率等问题，向有关主管部门提出申请，要求对违法行为进行查处。

（六）谈判、退房、赔偿

收到律师函的开发商，并未与购房者谈判，反倒强硬回函，表示律师函中所述问题并不存在，并要求购房者收房。开发商的强硬态度随着查处申请及行政诉讼的展开，慢慢开始转变，在诉消防验收、规划验收批准文件的诉讼中，开发商作为第三人参与庭审，庭审结束后，在法院、政府的主持下，购房者与开发商进行了谈判，此后又进行了几轮谈判，最终双方达成协议，开发商同意退房并赔偿，购房者同意撤回向法院及政府提起的行政诉讼和查处申请，双方签订保密协议。

办案解析

（一）集团诉讼

集团诉讼并不是中国法律上的一个概念，而是近几年针对同一诉求，有较多人数参与诉讼的一个称呼，类似于中国法律上的共同诉讼。笔者主要承办房产纠纷案件，经常遇到某一项目上有众多购房者提出相同诉求的纠纷，如本案中二十几位购房者提出退房，要求赔偿的共同诉求。

随着经济的发展，民众维权意识的增强，组织沟通的便利，集团诉讼会越来越多，笔者承办过人数最多的一次集团诉讼，参与者达到数百人。

集团诉讼相比于单个诉讼各有利弊，集团诉讼有募集维权资金多、人多力量大、单个案例复制多个、诉讼成本低等优势，但有保密性差、有人搭便车、人多意见难统一、人多难解决、效率低等劣势，如果不能有效解决上述问题，则集团诉讼容易陷于泥

　　　　　　　　　　　　　　　　　房不胜防

潭，费时费力又难以推进。

要解决上述问题，需要律师指导众多的参与人，在建立沟通群、选定代表、决策机制、保密协议、资金管理等方面为集团诉讼做好准备，使集团诉讼能够扬长避短。此外，集团诉讼也是未来诉讼的一个趋势。

（二）围魏救赵

作为一名法律服务者，律师在法律的框架内，运用法律的手段给予委托人最全面、最有效的法律服务。在楼房的建设过程中，涉及较多政府行政监管和审批，当购房者与开发商产生纠纷时，在民事诉讼风险大的情况下，可以尝试提起行政诉讼，让政府参与其中，削弱开发商的强势地位，以促进谈判。

在本案中，民事诉讼面临举证难的问题，如果直接提起民事诉讼，风险很大。笔者建议购房者先尝试提起行政诉讼，通过围魏救赵的方法去实现目标，将民事诉讼放在最后进行。通过前期的大量调查发现，建设项目在施工、消防、规划等方面存在问题，针对这些问题，笔者设计了行政诉讼、查处申请等方案，从多个方面给政府、开发商施压。随着行政诉讼的进行，开发商也慢慢改变了强势的态度，最终在法院、政府的主持下，双方得以调解，购房者通过最经济的途径实现了民事诉讼很难实现的退房及赔偿。

（三）谈判的艺术

围魏救赵的策略是为了以打促谈，行政诉讼本身并不能解决退房及赔偿的问题，而在这其中谈判非常重要，如果只会打而不懂得谈，那么打反倒成了无用功。

作为律师，特别是在集团诉讼中，要根据案件的进展时刻把握谈判的时机且及时制定方案。对内，要组织购房者进行内部沟通，达成一定的共识，特别是当某些购房者提出不合理的要求时，应该给购房者提供合理的建议和风险提示，让其回归理性。对外，及时释放调解意愿，不要让政府认为是为了诉讼而诉讼，从而为双方的调解搭建平台。

编后

由于篇幅有限，笔者只摘取了集团诉讼部分内容进行讲述，并未展开，实际上，集团诉讼可谓是一个复杂的工程，律师需要指导协调方方面面，特别是在谈判中，对内要协调众多参与人的诉求。在谈判过程中，众多参与人往往会陷于集体"狂热"中，代表也会被这"狂热"挟制，提出过高的要求，律师的建议和风险提示也很难阻止"狂热"，调解的机会也往往因"狂热"而丧失，对内如何协调众多参与人，这或许是集团诉讼最需要面对的问题。

法 条 链 接

《中华人民共和国民事诉讼法》

第五十二条　当事人一方或者双方为二人以上，其诉讼标的是共同的，或者诉讼标的是同一种类、人民法院认为可以合并审理并经当事人同意的，为共同诉讼。

共同诉讼的一方当事人对诉讼标的有共同权利义务的，其中一人的诉讼行为经其他共同诉讼人承认，对其他共同诉讼人发生效力；对诉讼标的没有共同权利义务的，其中一人的诉讼行为对其他共同诉讼人不发生效力。

第五十三条　当事人一方人数众多的共同诉讼，可以由当事人推选代表人进行诉讼。代表人的诉讼行为对其所代表的当事人发生效力，但代表人变更、放弃诉讼请求或者承认对方当事人的诉讼请求，进行和解，必须经被代表的当事人同意。

第五十四条　诉讼标的是同一种类、当事人一方人数众多在起诉时人数尚未确定的，人民法院可以发出公告，说明案件情况和诉讼请求，通知权利人在一定期间向人民法院登记。

向人民法院登记的权利人可以推选代表人进行诉讼；推选不出代表人的，人民法院可以与参加登记的权利人商定代表人。

代表人的诉讼行为对其所代表的当事人发生效力，但代表人变更、放弃诉讼请求或者承认对方当事人的诉讼请求，进行和解，必须经被代表的当事人同意。

人民法院做出的判决、裁定，对参加登记的全体权利人发生效力。未参加登记的权利人在诉讼时效期间提起诉讼的，适用该判决、裁定。

竹篮打水
——售后包租

编前

在房地产狂热的买卖年代，开发商为了尽快出售房屋、回笼资金，推出了花样百出的销售模式，以此吸引购房者。售后包租便是其中一种模式，开发商和购房者除了签订买卖合同之外，还签订委托经营合同，向购房者承诺其购买房屋后，可交由开发商委托经营或开发商代为出租，每年返还购房者高额租金。这种既能获得房屋，又能获得高额租金的销售模式，一本万利，吸引了众多购房者参与，但高收益往往伴随高风险，潮水落去时，谁又在"裸游"。

办案回眸

（一）十年白得一套房

一天，杜先生逛街，收到一张当地著名开发商的宣传资料，其建设的某商场，采取售后包租的形式，商铺直接由开发商统一经营，承诺每年按照商铺总价格的 10% 支付租金。

杜先生正好有笔闲钱，投资股市的教训历历在目，放在银行跑不过通货膨胀，杜先生正在寻找投资方式。听售楼员讲解，该项目位于未来城市规划核心区位，市政府也将搬过去，该项目建成后将成为综合性高档商场，未来商铺的收益也有保障，并且前三年由开发商统一委托经营，每年按照商铺总价的 10% 支付租金，到期后也可以续租。杜先生算了一下，等于十年之后，买商铺的本钱全收回来，还白得一套商铺。

杜先生又去售楼现场，来咨询的人络绎不绝，杜先生更加确定了要购买，一下手便购买了两套商铺，签订了商铺买卖合同之外，也签订了商铺委托经营合同，前三年的租金，已从房款中扣除。

（二）潮水落去

杜先生购买房屋之后，坐等房屋价格上涨和收租金。大半年过去了，事情却与当初的预期不一样，市政府并未搬过来，原本承诺的综合性高档商场变为普通的服装大卖场，房本也没能办理下来。

杜先生此时才发觉，自己可能被开发商骗了，市政府根本没有搬迁到此处的规划，周边各种配套设施也不完善，很难经营成高档商场。前三年按照商铺总价的 10% 支付租金，也是开发商早已计算好的，减去三年租金，商铺的实际价格也是这些，杜先生实际上未获得任何租金收益。按现状，三年之后根本无法按照商铺总价款 10% 的租金价格出租，甚至能不能出租出去还是个问题。

（三）起诉解除

杜先生觉得长痛不如短痛，于是找了律师起诉，以逾期交付商铺为由，要求解除合同。开发商未交付商铺是事实，杜先生根据上述理由解除合同，没有任何问题，但最终的结果却与事实正好相反，法院认为杜先生除了与开发商签订商铺买卖合同之外，也签订了商铺委托经营合同，开发商有权对商铺进行管理和使用，也即等于开发商已经向杜先生交付了房屋，目前处于委托经营期，杜先生称开发商逾期交付房屋没有依据，判决驳回杜先生的请求。

对一审结果难以接受的杜先生找到笔者，希望笔者代理二审。笔者看了材料后，给其分析如下。

第一，一审法院将商铺委托经营中交付房屋的行为，认定为商铺买卖合同中的交付行为，将两种不同的法律关系混为一谈。商铺买卖合同与商铺委托经营合同中都未约定商铺委托经营中的交付行为等于商铺买卖合同中的交付行为。而实际中委托经营合同与买卖合同也属于不同的法律关系，不能混为一谈。

第二，除了上述观点在二审中需要再次强调之外，还需要核实另外一个事实，根据商铺买卖合同约定，必须达到验收合格的条件才能交付，并且这也是法律上的明确规定。在一审中，双方争议的焦点主要是委托经营中的交付行为是否等同于买卖合同中的交付行为，而把最基本的商铺是否符合交付条件这一前提忽略。虽然商铺在实际中已经出租经营，按常理，商铺也应该是通过了竣工验收，但在一审中开发商并未提供相应的证据来证明商铺通过了竣工验收，这一点存在很大疑问。按照经验，在逾期交房诉讼中，如果商铺通过了竣工验收，开发商肯定会把竣工验收的证明作为证据提交，而一审中开发商并未提交，或许是商铺并未通过竣工验收，如果真是如此，这将成为二审的一个突破点。

第三，一审中在交付问题上，法院认定构成了交付，但对于是否能够依据合同行使解除权未进行论述，如果二审中法院认定其不构成交付，则是否能够依据合同行使解除权就是需要面对的问题。依据商铺买卖合同，如开发商逾期交付房屋，则开发商每日须按照已付房款的万分之零点五支付违约金，合同继续履行，杜先生不享有解除合同的权利。依据合同，即使构成了逾期交房，杜先生也不享有解除合同的权利，虽然合同的确如此规定，但是该条款明显属于格式条款，免除开发商的责任，排除购房者的主要权利，应当无效，该争议也是二审需要面对的。该条款无效后，则合同中关于解除权则未进行约定，但杜先生可以行使法定解除权，开发商逾期交付房屋已经构成了延期履行主要债务，经杜先生催告后，开发商依然未交房，则杜先生可以直接行使法定解除权，要求解除合同。

（四）最后的较量

笔者代理杜先生提起了上诉，并在第一时间申请了商铺的竣工验收等证明文件，与预料的一样，住建局信息公开答复，商铺现在未进行竣工验收，也即不存在竣工验收等证明文件。

笔者得到了住建局的答复之后，做了如下两点。第一，将该答复作为新证据向二审法院提交。第二，对于开发商的房屋未竣工便交付使用的行为，向住建局提出申请，要求对这种违法行为进行查处。

在等待二审开庭期间，住建局对于开发商这种房屋未竣工便交付使用的行为下达了处罚通知书，对开发商进行了罚款。

庭审中，笔者又将住建局对开发商的处罚决定书作为证据提交给法院，将商铺未经过竣工验收，按照合同约定及法律规定，开发商根本不能将商铺进行交付作为一个新观点提出。截至庭审，商铺依然未经过竣工验收，开发商明显构成逾期交房，并且现在也难以交房。此外，合同中开发商逾期交房，杜先生无法解除的条款属于无效条款。

最终，二审法院认定，根据合同约定及法律规定，商铺经过竣工验收后才能交付，本案商铺未经过竣工验收，不符合交付条件，开发商主张商铺交付没有合同及法律依据。合同中约定逾期交房，购房者不享有解除权的条款，属于格式条款，明显是免除开发商责任，排除购房者的主要权益，显失公平，属于无效条款。

目前，开发商未按照合同约定时间交付房屋，经催告后，依然未履行，杜先生享有解除权，判决商铺买卖合同解除，开发商返还房款及支付违约金。

办案解析

（一）售后包租

售后包租指开发商在一定期限内承租或代为出租购房者所购房屋，一般开发商会和购房者签订两份合同，一份是房屋买卖合同，一份是委托经营或出租合同，其中开发商会承诺给予购房者丰厚的租金回报，购房者则会因为既能获得房屋，又可以获得高额租金，一举两得而购买。

针对售后包租，国家只是禁止未竣工的房屋售后包租，如果已竣工则可以。购房者应当采取谨慎的态度，要明白天下没有免费的午餐，高收益往往伴随高风险。售后包租实质上是开发商的一种促销模式，开发商往往存在虚假宣传，特别是关于高额租金的承诺，往往难以实现，购房者最终会落得房屋未交付，租金也未获得，而后续也很难再租出去的尴尬境地。

（二）交付房屋

本案争议焦点在于开发商是否已经将房屋交付杜先生，一审中双方将重点放在商铺委托经营中的交付是否等同于商铺买卖合同中的交付，而忽视了一个基本的前提，就是商铺是否符合交付条件，如果能证明商铺根本不符合交付条件，则开发商主张交付是没有依据的。

笔者是从二审开始的代理，当笔者查看一审材料的时候，发现开发商竟未提供竣工验收证明的证据，这明显不符合常规。杜先生告诉笔者商铺早已竣工，并且已经实际经营很久。笔者告诉杜先生，商场竣工并且已经实际经营，并不等于商场经过了法律上的竣工验收，依据法律规定，建设项目只有通过有关政府部门的竣工验收备案后，才能投入使用，如果能够证明商铺未经过竣工验收，则对二审来说将是一个新的思路。随后，笔者向有关部门核实，商铺未获得竣工验收，而这也成为本案的一个转折点。

商品房的交付，不同于其他商品，由于房屋质量直接影响着居住人的生命安全，所以国家对房屋的质量施行强制性标准，开发商将房屋建好之后，必须经过其他单位一起验收合格，并且在政府竣工验收备案之后，才能交付使用，对此，法律上有明确的规定，合同上一般也有此规定。在本案一审中，由于商铺已经实际经营很久，或许一审代理人也根本不知道商铺必须经过竣工验收才能交付，导致未能提出该观点，一审败诉。房产纠纷有其自身特殊属性，要打好房产诉讼，除了一般法律知识之外，还需要对房产领域特殊的法律甚至非法律知识有所了解，这样才能全面维护委托人的利益。

（三）格式条款

格式条款是当事人为了重复使用而预先拟定，并在订立合同时未与对方协商的条款。在商品房买卖中，合同一般由开发商提供，其中的许多条款也是开发商为了重复使用，而未与购房者协商，就预先拟定，并且在实际中即使购房者对这些条款不认同，也很难修改。

如本案中，买卖合同约定开发商逾期交付房屋，开发商只需要支付很少的违约金，而且合同只能继续履行，剥夺了购房者解除合同的权利，最终该格式条款因为明显是免除开发商责任，排除购房者的主要权益，显失公平，被认定为无效条款。

购房者在签订合同的时候，要留意这种格式条款，尽力争取修改，如果无法修改的话，后期产生纠纷，也不要完全丧失信心，可以主张该格式条款属于无效条款。

（四）主动创造证据

笔者在此提出的主动创造证据，并不是指无中生有去伪造证据，而是指有的事实已经存在，只不过现有的证据无法体现出，为了证明这些事实，律师要合法地去创造证据，将要证明的事实显示出来。如本案中，笔者向住建局提出了关于商铺竣工验收文件的信息公开申请，通过住建局的信息公开答复的证据，将商铺目前未竣工验收备案的事实体现出来。随后，笔者除了将此证据向法院提交外，又向住建局提出了违法查处申请，也因此获得了住建局对开发商未竣工验收备案便违法交付使用的处罚决定书，笔者又将处罚决定书作为证据提交，证明商铺未经过竣工验收备案和未经过竣工验收备案便交付使用是违法的行为。而正是依据上述主动创造出来的一环又一环的证据，二审最终才得以翻案。

编后　售后包租是一个诱人的销售模式，笔者承办过很多此类案件。售后包租在诱人的承诺下，往往伴随着高风险，许多项目难以维持其后续的高额租金，有的甚至都难以达到交房、办理房本等基本要求，而这些风险，购房者在诱惑面前却往往容易忽视，最终竹篮打水一场空。房地产市场越来越活跃，各种售房模式也层出不穷，购房者要谨慎、理性地面对。作为一名房产律师，要全面掌握房产销售流程，无论销售模式如何变换，都能看透本质，抓住关键。

法条链接

《中华人民共和国合同法》

第三十九条　采用格式条款订立合同的，提供格式条款的一方应当遵循公平原则确定当事人之间的权利和义务，并采取合理的方式提请对方注意免除或者限制其责任的条款，按照对方的要

　　　　　　　　　　　房不胜防

求，对该条款予以说明。格式条款是当事人为了重复使用而预先拟定，并在订立合同时未与对方协商的条款。

第四十条　格式条款具有本法第五十二条和第五十三条规定情形的，或者提供格式条款一方免除其责任、加重对方责任、排除对方主要权利的，该条款无效。

《商品房销售管理办法》

第十一条　房地产开发企业不得采取返本销售或者变相返本销售的方式销售商品房。房地产开发企业不得采取售后包租或者变相售后包租的方式销售未竣工商品房。

第四十五条　本办法所称返本销售，是指房地产开发企业以定期向买受人返还购房款的方式销售商品房的行为。

本办法所称售后包租，是指房地产开发企业以在一定期限内承租或者代为出租买受人所购该企业商品房的方式销售商品房的行为。

本办法所称分割拆零销售，是指房地产开发企业以将成套的商品住宅分割为数部分出售给买受人的方式销售商品住宅的行为。

《建设工程质量管理条例》

第十六条　建设单位收到建设工程竣工报告后，应当组织设计、施工、工程监理等有关单位进行竣工验收。

建设工程竣工验收应当具备下列条件：

（一）完成建设工程设计和合同约定的各项内容；

（二）有完整的技术档案和施工管理资料；

（三）有工程使用的主要建筑材料、建筑构配件和设备的进场试验报告；

（四）有勘察、设计、施工、工程监理等单位分别签署的质量合格文件；

（五）有施工单位签署的工程保修书。

建设工程经验收合格的，方可交付使用。

《最高人民法院关于审理商品房买卖合同纠纷案件适用法律若干问题的解释》

第十五条　根据《合同法》第九十四条的规定，出卖人迟延交付房屋或者买受人迟延支付购房款，经催告后在三个月的合理期限内仍未履行，当事人一方请求解除合同的，应予支持，但当事人另有约定的除外。

法律没有规定或者当事人没有约定，经对方当事人催告后，解除权行使的合理期限为三个月。对方当事人没有催告的，解除权应当在解除权发生之日起一年内行使；逾期不行使的，解除权消灭。

曲折往返
——一场农村房屋买卖

在房屋买卖纠纷中，有一种比较特殊的纠纷——农村房屋买卖纠纷。如前几年闹得沸沸扬扬的北京画家村农村房屋买卖纠纷，对于非本村村民签订的房屋买卖合同，由于违反了政策中对于农村房屋买卖禁止性的规定，对这一问题的处理，具有较统一的裁判，认定合同无效。笔者下文要讲述的案例的特殊之处，是在签订房屋买卖合同之外，购房者还和村委会签订了房屋宅基地使用权租赁合同，并且经过了镇政府的确认，而这也导致案件的审理过程曲折往返。

办案回眸

（一）房屋买卖，土地租赁

八里铺村位于城市近郊区，村里许多人在城市工作，不在村里居住，陈某便是其中一员，他在村里的房屋一直空着，便想把房屋卖了。高女士非本村村民，看上了陈某的房屋，两人谈妥价格后，去村委会咨询，村委会答复两人除了签订买卖合同之外，高女士还需要和村委会签订宅基地使用权租赁合同，向村委会缴纳租金。村委会要求的租金不高，高女士便答应了。

在 2000 年 2 月，高女士与陈某签订房屋买卖合同，以 2 万元的价格购买房屋。当日，高女士也和村委会签订了宅基地使用权租赁合同，租赁期限 20 年，一次性支付租金 4 千元，到期后可以续租，该租赁合同经过镇政府盖章确认。

随后，高女士对房屋进行翻盖及装修，一住便是十几年，在此期间，随着城镇化的扩张，八里铺村已成为城中村，不少邻村村民因不停地拆迁而暴富，当地房价也在不停地上涨，平静的八里铺村也因此变得躁动。

（二）一审诉讼，合同有效

2013 年 4 月，高女士突然收到法院寄来的传票，得知陈某已经向法院起诉她，以房屋买卖合同违反强制性规定为由，要求确认合同无效。收到传票的高女士愣了，履行了十几年的合同如何能说无效就无效，于是打电话给陈某，陈某一直不接电话，高女士只好找到笔者咨询。

笔者看了材料，给其分析如下。第一，由于高女士非本村村民，与陈某签订的房屋买卖合同违反了政策对于农村房屋买卖禁止性的规定，在实践中法院也基本倾向认定合同无效，这对于高女士非常不利。第二，本案的特殊性在于高女士还与村委会签订了宅基地使用权租赁合同，并且经过镇政府确认，同时也向村委会缴纳了租金，并未损害村集体的利益，从这一点来看对高女士还是有利的，或许会成为转机，但也存在很大风险，法院可能不予认可这点。第三，即使最终法院认定房屋买卖合同无效，高女士也可以要求陈某赔偿其损失，法院应当结合现在房屋的价值等综合考虑，由陈某给高女士赔偿。

高女士听了笔者的分析后，觉得虽然案件风险很大，但依然决定委托笔者代理，主张合同有效，驳回陈某诉求。案件如期开庭，陈某主张房屋买卖合同因违反禁止性规定无效。

笔者主张如下。第一，房屋买卖合同均是双方意思的表示，不存在欺诈、胁迫，合同合法有效。第二，合同并未违反法律、行政法规的强制性规定，对方主张的《国务院办公厅关于加强土地转让管理严禁炒卖土地的通知》、国土资源部《关于加强农村宅基地管理的意见》，上述仅仅是部门规章等规范性文件，并非法律、行政法规。在调整农村房屋买卖关系的《中华人民共和国物权法》《中华人民共和国土地管理法》等法律法规中，并没有禁止房屋买卖的规定，并且《中华人民共和国土地管理法》第六十二条规定，农村村民可以出卖、出租房屋，可见并未禁止转让。第三，高女士除了与陈某签订房屋买卖合同之外，还和村委会签订了宅基地使用权租赁合同，并且经镇政府确认，高女士也已向村委会缴纳了租金，并未侵害村集体利益。第四，房屋已经经过了翻建，不具备返还可能性，高女士在此居住十几年，现在房屋可能拆迁，房价上涨，如果认定合同无效，则违反公平及诚信原则等。

开庭后，笔者心里还是忐忑，依据以往判例，合同认定无效的居多，虽然本案有一定特殊性，但对此希望也不是很大。一审判决终于下来，法院认可了合同有效，法院认为本案焦点在于高女士是否有权取得房屋宅基地使用权，是否侵害了村集体利益。本案中高女士与村委会签订了宅基地使用权租赁合同，且经镇政府确认，并且已经支付租金，并未侵害村集体利益，合同合法有效，驳回陈某诉讼请求。

（三）二审诉讼，发回重审

陈某不服一审提起了上诉，二审法院认为根据房地一体原则，高女士和陈某签订的房屋买卖合同必然涉及土地使用权转让问题，本案特殊之处是高女士与陈某签订房屋买卖合同之外，又与村委会签订了宅基地使用权租赁合同，两份协议将房屋所有权和使用权分别进行了处分，显然与《中华人民共和国物权法》相冲突，应当根据房地一体原则全面审查，发回重审。

（四）重审开庭，合同无效

发回重审，针对房地一体原则，笔者提出如下几点。第一，本案不适用《中华人民共和国物权法》，《中华人民共和国物权法》自 2007 年 10 月 1 日起施行，本案合同签订于 2000 年，物权法不能溯及本案。第二，退一步讲，即使适用《中华人民共和国物权法》，《中华人民共和国物权法》规定的房地一体原则仅限于建设用地使用权，本案为农村集体土地，故《中华人民共和国物权法》中的房地一体原则不能适用于本案。第三，法无禁止即自由，目前法律上并未规定农村房屋和土地必须坚持房地一体原则，则应当予以允许。第四，即使按照房地一体原则，高女士也和村委会签订了宅基地使用权租赁合同，也已经取房屋下的宅基地使用权。

经过交锋，法院最终认定农村宅基地使用权人，应当是村集体组织成员享有，具有社会保障和福利性质，依据《国务院办公厅关于加强土地转让管理严禁炒卖土地的通知》和《关于加强农村宅基地管理的意见》，禁止向非集体组织成员转让。依据《中华人民共和国土地管理法》宅基地使用权须经乡镇政府审核，且由县级政府批准，根据房地一体原则，本案中高女士与陈某签订了房屋买卖合同，即转让房屋的同时，亦转让了宅基地使用权，虽高女士也与村委会签订了宅基地使用租赁协议，但未经过县级政府批准，且高女士亦非村集体成员，该宅基地使用权租赁合同不受法律保护，高女士不能因此取得房屋的宅基地使用权，房屋买卖合同因违反法律、行政法规的强制性规定而无效。随后，高女士提出上诉，二审予以维持，后续将面临一些新的诉讼。

办案解析

（一）农村房屋买卖

随着城市化发展，许多农民来到城市工作，并且居住在城市，其留在农村的房屋便空置。随着城市的扩张，许多农村离城区越来越近，甚至成为城中村，而这也使农村房屋买卖逐渐兴起。农村房屋买卖分买受人是本村成员还是非本村成员，本村成员之间的买卖一般不存在争议，合同予以认可，本村成员和非本村成员之间的买卖，由于一些特殊的规定，容易引发纠纷，农村房屋买卖纠纷也主要指此种纠纷。

法律、行政法规对农村房屋买卖并没有禁止性规定，但国务院办公厅、国土资源部等政府部门，考虑到社会稳定、宅基地的特殊属性、保证农民最后的居住权益等，颁布一些政策来禁止将农村房屋向非本村成员出卖，法院一般也会从上述考虑，最终认定合同无效。

为了规避上述风险，许多合同如本案一样，除了签订房屋买卖合同之外，还和村委会签订宅基地使用权租赁合同，以此来获得宅基地使用权，避免被法院认为侵害村集体利益而无效。但此种做法，也并不能完全获得法院的认可，终究也会被认为违反禁止性规定而无效。

虽然法律、行政法规并未禁止农村房屋买卖，国务院办公厅、

房不胜防

国土资源部出台的政策也不是法律、行政法规的效力性强制规定，但目前司法实践中，对于非本村成员签订的房屋买卖合同，即使与村委会另行签订了宅基地租赁合同，也一般被认定为无效，这是每位购房者需要谨慎面对的问题。

（二）合同无效后的赔偿

本案中，由于陈某只是提出要求确认合同无效，并未一并提出返还房屋及宅基地，法院也就未一并处理。虽然，最终合同被确认无效了，但并不等于高女士不能获得任何赔偿，在合同无效后，高女士除了可以要求返还购房款之外，也可以要求房屋增值部分的损失，以此来弥补自己的损失。

（三）风险告知

高女士找到笔者咨询，结合高女士提供的材料，笔者给其进行了充分的分析，特别是结合经验及已有判例，关于风险笔者对高女士进行了充分的告知，让高女士在获知风险后再进行决策。在面对委托人的咨询的时候，律师应当根据已有经验将风险给予咨询者充分告知，包括风险的告知，不能只说利而回避风险，以此来增加委托，这样即使最终咨询者进行了委托，也不利于以后的长期合作。反而在委托人咨询的时候，对其进行充分的告知，虽然可能降低委托，但即使最终结果不尽人意，委托人也会对律师保持信任，利于长期合作。

农村房屋买卖除了涉及法律之外，也涉及其他原因，政府禁止农村房屋买卖，主要考虑到对农民居住权要有最终保障，防止市场对农村宅基地的冲击，当农民从城市回村的时候，至少有房居住，而不会产生动荡。但随着城市化的发展，农村已出现大量空置房屋，由于禁止上市交易，导致资源的浪费，农民也不能因此交换取得市场价值，只能荒废，这也是目前农村改革需要解决的问题。

法条链接

《中华人民共和国合同法》

第五十二条　有下列情形之一的，合同无效：

（一）一方以欺诈、胁迫的手段订立合同，损害国家利益；

（二）恶意串通，损害国家、集体或者第三人利益；

（三）以合法形式掩盖非法目的；

（四）损害社会公共利益；

（五）违反法律、行政法规的强制性规定。

《最高人民法院关于适用＜中华人民共和国合同法＞若干问题的解释（二）》

第十四条　合同法第五十二条第（五）项规定的"强制性规定"，是指效力性强制性规定。

《最高人民法院关于适用＜中华人民共和国合同法＞若干问题的解释（一）》

第四条　合同法实施以后，人民法院确认合同无效，应当以全国人大及其常委会制定的法律和国务院制定的行政法规为依据，不得以地方性法规、行政规章为依据。

《中华人民共和国物权法》

第一百四十七条　建筑物、构筑物及其附属设施转让、互换、出资或者赠与的，该建筑物、构筑物及其附属设施占用范围内的建设用地使用权一并处分。

《国务院办公厅关于加强土地转让管理严禁炒卖土地的通知》

二、加强对农民集体土地的转让管理，严禁非法占用农民集体土地进行房地产开发

农民集体土地使用权不得出让、转让或出租用于非农业建设；对符合规划并依法取得建设用地使用权的乡镇企业，因发生破产、兼并等致使土地使用权必须转移的，应当严格依法办理审批手续。

农民的住宅不得向城市居民出售，也不得批准城市居民占用农民集体土地建住宅，有关部门不得为违法建造和购买的住宅发放土地使用证和房产证。

要对未经审批擅自将农民集体土地变为建设用地的情况进行认真清理。凡不符合土地利用总体规划的，要限期恢复农业用途，退还原农民集体土地承包者；符合土地利用总体规划的，必须依法重新办理用地手续。

《国土资源部关于加强农村宅基地管理的意见》

（十三）严格日常监管制度。各地要进一步健全和完善动态巡查制度，切实加强农村村民住宅建设用地的日常监管，及时发现和制止各类土地违法行为。要重点加强城乡结合部地区农村宅基地的监督管理。严禁城镇居民在农村购置宅基地，严禁为城镇居民在农村购买和违法建造的住宅发放土地使用证。

房不胜防

返还锅炉房
——业委会和开发商的较量

> 编
> 前
>
> 随着城市化的发展，法律的完善，业主维权意识的提升，越来越多的小区开始成立业委会，尝试小区自治，提升小区物业服务。而这个过程也是从开发商和物业公司手中争取权利的过程，因此双方常常产生纠纷。下文要讲述的案例，便是业主对开发商和供暖公司管理的锅炉房的供暖情况不满意，要求返还锅炉房的纠纷。

办案回眸

（一）寒冷的冬天

窗外的雪花夹杂在北风里，狠狠地敲打着窗户。徐主任无心欣赏今年入冬的第一场雪，手机的铃声此起彼伏，一个电话还未接完，下一个电话已经打入，小区业主微信群也已炸开了锅，抱怨气温这么低，家里暖气根本不足，小孩、老人都冻得受不了了。

面对业主们的抱怨，身为业委会主任的徐主任，只能一遍遍找物业公司，物业公司表示当初开发商已经将锅炉房供暖单独承包给供暖公司，有问题找供暖公司解决。徐主任找到供暖公司，供暖公司表示，现在锅炉房已经烧到最大功率，但由于小区的扩建，导致当初设计的锅炉房根本无法满足现在小区的供暖，因此爱莫能助。徐主任又找到开发商，开发商表示小区已经交付完，并百般推卸不予处理。业主们向政府反映，政府召集各方召开了几次协调会，文件一堆，但最终也没有实际效果。

徐主任和小区的业主们奔波了整个冬天，小区的供暖却没有改变，许多家有老人、小孩的业主被迫去其他地方过冬，小区的房价也受到了影响，比周围小区低很多。

（二）赶不走的供暖公司

小区业主们决定赶走供暖公司，要回锅炉房，小区召开了业主大会，并通过决议，解除与供暖公司早已到期的事实服务合同，返还锅炉房。业委会随后向供暖公司发出解除通知，供暖公司表示不同意解除合同。

面对供暖公司的强硬态度，小区业主准备用武力强制接管锅炉房，结果与供暖公司发生了暴力冲突，双方都有人员受伤，在警察的干预下才得以制止，警察表示不准暴力接管，但可以通过法律解决。

房 不 胜 防

(三) 调查锅炉房

在强制接管无果的情况下，业委会决定找律师，通过法律途径要回锅炉房。徐主任等几位业委会委员找到笔者，向笔者介绍了案情，并表示律师费是小区业主募捐的，他们几个委员压力很大，一定要要回锅炉房，他们自己也研究了案件，认为比较简单，事实清楚，锅炉房是公用设施，属于业主共有。

笔者听完介绍，给其分析如下。第一，本案并非这么简单，合同中关于锅炉房并没有明确的约定，锅炉房并不是想当然的属于业主共有，也并没有直接的法律规定锅炉房属于业主共有。第二，在不同的小区，锅炉房有不同的情况，有的锅炉房有产权证，登记在开发商名下，这就对小区业主很不利。有的锅炉房则没有产权证，在规划中显示属于小区公用设施，而这则对小区业主有利。所以要先调取锅炉房的产权、规划等情况，以便对锅炉房情况有基本的认识，也为诉讼做好准备。第三，在实际判例中，由于法律对此并没有明确规定，小区锅炉房的情况不一样，法院对各情况的判决也不一致，没有统一的裁判标准。第四，如果要起诉，则涉及诉求设计问题，此类案件，诉讼请求主要分为两大方向，一种从所有权入手，要求确认锅炉房所有权，另一种则从使用权入手，要求返还锅炉房。两种不同的诉求各有利弊。确认锅炉房所有权，可从根本上解决纠纷，但对此业委会要提出充足的证据，法院在确权的问题上比较谨慎，在没有充足证据的情况下，很难直接确权。从使用权入手，要求返还锅炉房，业委会在举证上压力较小，法院在不涉及所有权情况下，也比较容易认定使用权。从实际效果来看，只要锅炉房返还给业委会，使用的效果便可达到，至于是否确权对使用也没有太大影响，但该诉求并不能从根本上解决纠纷，有的法院也会要求必须先解决所有权问题，才能判决使用权问题。

接受委托后，笔者对锅炉房权属、规划、供暖备案等情况向有关政府部门进行了调查。从房管局得知，锅炉房并未进行产权登记，从规划局调出来的小区规划平面图等看出，锅炉房标注为小区的公用设施，从供暖办得知供暖公司对于锅炉房已进行了供热备案登记。

根据调查得到的材料，可以初步判断，锅炉房未进行产权登记，也并未登记在开发商名下，当初的规划是按照小区的公用设施建设的。目前这些证据对业委会有利，关于诉求，经过笔者建议，业委会通过讨论，决定要求返还锅炉房。

（四）起诉返还锅炉房

业委会将开发商和供暖公司作为共同被告起诉，要求返还锅炉房，笔者主张如下。第一，锅炉房并未登记在开发商名下，开发商并不是锅炉房所有权人。第二，根据小区规划平面图，锅炉房明确标注为小区公用设施，也即当初建设小区，锅炉房便规划为小区公用设施，另外根据有关规定，锅炉房属于小区公用设施。

第三，根据《中华人民共和国物权法》规定，建筑区内的公用设施属于业主共有。第四，即使锅炉房最初由开发商投资建设，也并不能以此来确定开发商对锅炉房拥有所有权。虽然开发商出资修建锅炉房，但后期的改造、运营等费用都是由全体业主交纳的供暖费所支持，另外由于锅炉房因供暖的特定目的存在和使用，开发商在客观上也不能享有锅炉房所有权的全部权能。第五，目前小区锅炉房运营不善，供暖严重不达标，供暖合同也已经到期，开发商及供暖公司不予改善。经过小区业主大会决议，要求返还锅炉房，由业委会进行改造运营，改善小区供暖情况，业委会要求返还锅炉房，不是挪作他用，而是更好地改善和利用锅炉房，为小区谋福利。第六，小区已经成立业委会，根据法律规定，供暖公司的选聘应当由业主大会决定，而不是由开发商决定，现在业主大会已经决议解除与供暖公司的合同，供暖公司应当将锅炉房返还。第七，虽然供暖公司在政府供暖办进行了备案，但该备案仅仅是政府对于供热行业一个形式审查的监督许可，并不等于供暖公司的供暖符合要求。

开发商抗辩称该锅炉房为其投资建设，虽然未进行产权登记，但该所有权依然归其所有，开发商也一直将锅炉房用于小区的供暖，并未改变锅炉房供暖性质，现在也没有法律明确规定锅炉房归小区业主所有，业委会无权要求返还。

供暖公司抗辩称锅炉房归开发商所有，其已与开发商签订了锅炉房供暖运营服务合同，虽然合同已经到期，但也已构成事实服务合同，且已经在供暖办取得了合法备案，在运营中也是尽力运营，只是由于客观条件限制，导致小区供暖不足，不是其责任。

经过多次庭审，法院最终认定小区锅炉房由开发商投资建设，业委会并未提供证据证明其对锅炉房享有所有权或运营管理权，供暖公司经营使用锅炉房也是基于与开发商的运营合同，在运营合同未终止的情况下，业委会无权要求返还锅炉房，最终判决驳回业委会的诉讼请求。

（五）背水一战

一审判决出来之后，面对小区业主的质疑，业委会成员及笔者都承担了很大的压力。这也是代理业委会案件的一个特点，律师不仅仅要面对委托人，背后更是整个小区业主的期待，徐主任等业委会成员压力也很大，这不仅仅是其自家的事情，而是整个小区的事情，失败了则很难给业主交代。

业委会提起了上诉，笔者也对整个一审进行了复盘，认为一审法院还是比较保守，未能注意到锅炉房为整个小区供暖的特殊属性，将举证责任让业委会来承担。二审中必须向法院强化锅炉房为小区供暖的特殊属性，法院不能按照一般审理返还物的思路审理本案，必须从本案的特殊性上来审理。

二审经过了多次开庭，在多个问题上进行了更深入的辩论，笔者感觉到对待这个问题二审法院可能与一审法院有不同观点。苦等的二审判决书终于下来，二审法院认为，本案由于锅炉房为

房不胜防

整个小区供暖的特殊性，审理本案也应该从该特殊性入手，在小区规划设计中，锅炉房便是作为小区的供暖公用设施存在，因此锅炉房的运营也应当以满足小区供暖为目的，现在供暖公司的供暖已经严重不能满足小区的需求，小区业主也已经通过业主大会决议解除合同，要求返还锅炉房，根据法律规定，小区的供暖服务等事项由业主大会决定，该决定应当得到法院支持。一审法院未能考虑锅炉房的特殊属性，让业委会承担举证责任，应当予以改正，另外即使最初锅炉房由开发商投资建设，但后期锅炉房的运营及改造费用均由小区业主承担，锅炉房的实际使用也应当由小区业主享有。最后，法律的适用，应考虑到各方利益以及对公共利益的衡量，本案中解决小区供暖应当作为衡量的核心标准，根据目前的实际情况，锅炉房由业委会使用最能符合该标准，根据锅炉房供暖的性质，锅炉房由业委会使用以改善供暖，也并未侵害开发商的利益。综上衡量各方利益，开发商及供暖公司应当将锅炉房返还给业委会。

最终，业委会要回了锅炉房，并进行了升级改造，下一个冬天不会太冷了。

办 案 解 析

（一）小区锅炉房

现在，新建小区越来越多地采用集中的市政供暖，小区少见锅炉房，但一些建设年代比较早的小区，以及偏远的小区，特别是一些别墅区，都采用独立的供暖系统，建有小区自己的锅炉房。

小区锅炉房的供暖直接关系到整个小区最基本的取暖，因此相比于小区其他配套公用设施，锅炉房的经营情况会得到业主更多的关注。而锅炉房的经营会比较轻松地获得保障利润，特别是政府的供暖补贴，这也往往导致开发商将其牢牢控制，交付与其关联的供暖公司经营，而当供暖出现问题的时候，业主与开发商及供暖公司常常产生纠纷。

关于锅炉房的性质，不同的小区也不尽相同，有的小区其锅炉房产权直接登记在开发商名下由其单独所有，有的产权虽然登记在开发商名下，但却标注为公用设施，更多的锅炉房并未进行产权登记，所有权无法确定。有的锅炉房在小区规划图上明确标注为公用设施，有的则没有任何标注。在合同中对其的约定也是不尽相同，有的直接明确为小区业主共有，有的明确约定为小区公用设施，有的则没有任何约定。由于上述原因，无论在产权、规划、合同上是否有明确规定，法律上对锅炉房也并没有直接明确的规定，加上锅炉房本身特殊的供暖属性，导致法院在处理锅炉房问题上也没有统一标准，甚至出现事实相似，却截然不同的结果。

（二）锅炉房裁判路径

如前所述，法院在对锅炉房的裁判上有不同的结果，但基本裁判路径主要分为以下几点。第一，对于不同的诉讼请求，处理起来不一样，对于要求对锅炉房确权的诉求，法院一般持谨慎态度，除非有足够证据证明锅炉房的权属，否则法院很难进行确权。对于返还锅炉房的诉求，法院处理起来相比确权则要宽松，只要有证据证明锅炉房为小区公用设施，关系到整个小区供暖，法院就有可能支持返还诉求。第二，法院在返还诉求上认定宽松是仅与确权相比而言，在实践中，法院在返还诉求的认定上，不同的法院裁判相差很大，大多数都与本案一审法院态度一致，严格按照谁主张谁举证原则，业委会未能提供足够的证据证明锅炉房归其所有，则返还诉求也不予支持，认为返还诉求必须在所有权明确的情况下才能处理。第三，有的法院在返还诉求上持相对宽松的态度，如本案中，业委会未能证明锅炉房归其所有，锅炉房产权也未登记在开发商名下，业委会只要证明锅楼房属于公用设施，目前供暖严重不足，影响小区基本取暖，法院往往会从小区供暖的公共利益角度，支持业委会返还锅炉房的诉求。第四，对于返还诉求，部分法院持更加开放的态度，即使锅炉房产权确认为开发商所有，法院考虑到锅炉房为小区供暖的特殊属性，认为开发商对锅炉房所有权权能也应有所限制，在开发商、供暖公司关于锅炉房的经营不能保障小区供暖的情况下，为保障小区的供暖，会支持业委会返还的诉求。

（三）锅炉房案件承办路径

当业委会打算要回锅炉房时，往往以为凭借《中华人民共和国物权法》第七十三条关于建筑区划内公用设施属于业主共有规定，便以为可以稳操胜券，直接起诉，等到开庭后才会发现其并不要是像想象的那么简单。

如前所述，由于存在各种复杂情况，仅凭《中华人民共和国物权法》第七十三条是远远不够的，必须做好充足准备，方能一搏。第一，由于锅炉房的资料一般是掌握在开发商手中，要在起诉之前先对锅炉房的产权登记、规划性质、供暖备案等情况向有关政府部门进行调查，做到心中有数。第二，对于诉求是确权还是返还，给业委会进行充分的阐释，建议在没有足够证据的情况下，不要贸然确权，可以先要求返还。第三，针对不同的锅炉房情况，具体的处理方法也不相同，但关于锅炉房是小区供暖的公用设施，关系到业主切身供暖这一特殊性要予以强化体现。

编后

本案过程可谓历尽曲折，最终在二审中得以获胜，笔者及徐主任等业委会成员也终于松下一口气。由于涉及的内容属于整个小区，最终结果也直接影响着每一个业主的切身权益，这对每一个主要参与人来说都有很大的压力。像本案中徐主任等业委会成员都是退休人员，凭着热心参与小区的治理，没有任何报酬，却一面要和我们律师一起研究案件，另一面要耐心地解答小区业主的疑问，可谓劳心劳力。也正是有了像徐主任这样热心业主的参与，小区自治才会走得更好更远，而这也是未来的一个趋势。

房不胜防

法 条 链 接

《中华人民共和国物权法》

第七十三条 建筑区划内的道路，属于业主共有，但属于城镇公共道路的除外。建筑区划内的绿地，属于业主共有，但属于城镇公共绿地或者明示属于个人的除外。建筑区划内的其他公共场所、公用设施和物业服务用房，属于业主共有。

第七十六条 下列事项由业主共同决定：

（一）制定和修改业主大会议事规则；

（二）制定和修改建筑物及其附属设施的管理规约；

（三）选举业主委员会或者更换业主委员会成员；

（四）选聘和解聘物业服务企业或者其他管理人；

（五）筹集和使用建筑物及其附属设施的维修资金；

（六）改建、重建建筑物及其附属设施；

（七）有关共有和共同管理权利的其他重大事项。

决定前款第五项和第六项规定的事项，应当经专有部分占建筑物总面积三分之二以上的业主且占总人数三分之二以上的业主同意。决定前款其他事项，应当经专有部分占建筑物总面积过半数的业主且占总人数过半数的业主同意。

第八十一条 业主可以自行管理建筑物及其附属设施，也可以委托物业服务企业或者其他管理人管理。

对建设单位聘请的物业服务企业或者其他管理人，业主有权依法更换。

第八十二条 物业服务企业或者其他管理人根据业主的委托管理建筑区划内的建筑物及其附属设施，并接受业主的监督。

房不胜防

失之毫厘，差之千里
——"飞掉"的房屋

编
前
二手房交易并不是简单的一手交钱，一手交房，其过程包括签订合同、资格审核、网签、面签、交税、过户，在这些过程中又穿插着各种付款、交接房屋等时间节点。在这复杂的交易中，错了一步，就有可能满盘皆输，下文讲述的便是一次短短的"延期"付款，却导致了合同的解除，合同解除之后，定金的返还也历尽千险，本案的关键案情由于缺乏证据，上演了一场罗生门。

办 案 回 眸

（一）"延期"两天付款

随着房屋价格的不断上涨，孙女士看着购房者微信群中也弥漫着急躁的气氛，心想幸亏自己果断，早在三个月前便签订了购

失之毫厘，差之千里——"飞掉"的房屋　　　　　　　　187

房合同，否则现在肯定后悔无疑。按照合同约定，9 月 20 日是支付首付款 120 万元的日子，孙女士目前已准备好 110 万元，还有 10 万元在银行五年定期存款，9 月 19 日应该到期了，把这 10 万元取出来，凑齐 120 万元，9 月 20 日一起支付。

9 月 19 日一大早，孙女士便来到银行，准备把到期的 10 万元存款取出来，结果柜台工作人员告诉孙女士，存款到期的日子是 9 月 23 日，如现在取出来，利息相差很大，不如到期后再取。孙女士是工薪阶层，算了一下这几天的损失等于自己几个月的工资，心有不甘的孙女士打电话给出卖人韩某，看其是否能够通融一下，延期两天支付，电话那头的韩某表示完全理解，同意 9 月 23 日支付 120 万元即可。听了韩某的明确答复，孙女士便也放心了，并和银行约好 9 月 23 日过来取款。

（二）晴天霹雳

9 月 23 日，孙女士早早来银行将 10 万元取出，加上之前准备好的 110 万元，总计 120 万元要支付给韩某，而此时韩某表示孙女士已经延期支付房款，根据合同约定只要延期支付房款，出卖人享有解除权，现在要求解除合同。

这个消息犹如晴天霹雳，此时孙女士才明白韩某之前的承诺完全是口是心非，并且想借此解除合同。面对韩某的咄咄逼人，孙女士心想即使延期也就是差了两天而已，总不至于合同解除，随后，孙女士找人写了起诉状，要求韩某继续履行合同。

房 不 胜 防

孙女士起诉不久，收到了韩某的反诉状，反诉要求解除合同，原本以为事情简单，自己完全可以应付的孙女士，此时才明白事情并非如此简单，于是决定委托律师参与诉讼。

孙女士找到笔者，笔者听完案情后，给其分析如下。第一，根据双方签订的合同，关于支付120万元的时间约定的很明确，最晚在9月20日支付。双方在9月19日电话沟通达成一致，可以延期至9月23日支付，该口头达成的协议是对合同的变更，是合法有效的，孙女士在9月23日支付120万元是完全可以的。第二，现在案件的关键点在于韩某不承认在9月19日双方达成了一致。孙女士承担举证责任，而孙女士除了可以提供通话记录外，并不能提供其他直接证据，通话记录仅能证明双方之间有过通话，并不能体现通话的内容，而这对孙女士很不利，法院可能对此不予认可。第三，如果最终法院认定孙女士延期两天支付房款，根据合同约定，逾期支付房款，出卖人便享有解除权，虽然的确仅仅延期了两天，但法院很有可能认定韩某享有解除权。综合来看，孙女士可能无法举证证明双方达成延期两天付款的口头协议，导致法院认定孙女士逾期付款，韩某享有解除权，本案风险极大。

孙女士听了笔者的分析之后，才明白之前自己想得太简单了，原来本案风险如此大，但心有不甘，还想尝试一下继续履行合同。

（三）合同履行之诉

庭审中双方针对争议焦点展开了辩论，韩某不承认在9月19

日与孙女士达成了延期付款的口头协议。最终法院认定，根据合同约定，孙女士最晚应在9月20日将120万元支付给韩某，现已逾期支付，韩某享有解除权，孙女士主张在9月19日双方达成了延期两天支付的口头协议，但并未提供证据予以证明，法院不予认定，截至9月20日孙女士借记卡余额为110万元，10万元定期存款并未取出，并未满足一次性支付120万元的条件，且钱款也并未实际支付或办理资金监管、提存等，孙女士构成违约，根据合同约定，韩某享有解除权，判决合同解除。

随后，孙女士提起上诉，二审予以维持。面对最终合同被解除的结果，孙女士充满了悔恨，恨自己当初为了一点利息而未将钱取出，恨自己当时打电话未录音。如果正常履行合同，现在房屋早已过户，如今却成了泡影，房屋价格已经上涨了100多万，原数额的钱早已买不到类似的房屋。

（四）返还定金之诉

在合同履行之诉中，孙女士要求继续合同，韩某要求解除合同，对于定金双方的诉求并未涉及，法院的判决也并未涉及。如今，合同被判令解除，对于定金是否返还双方又产生了争议，孙女士又将韩某告上法院，要求返还定金20万元。

对于定金，笔者给其分析如下。第一，定金不是违约金，在实践中，法院对违约金经常进行调整，但对于定金一般要么全返还，要么一点不返还。第二，在合同履行之诉中，法院已经认定

房不胜防

孙女士是违约方，这一点在返还定金之诉中对孙女士很不利，法院很有可能认定孙女士作为违约方，无权要求返还定金。第三，在合同履行之诉还在诉讼中，合同是否解除还未确定的情况下，韩某就提前五天将房屋另行出售，韩某也构成了违约。双方都存在违约的情况下，就看法官如何认定。

此时孙女士的心情十分沉重，只因自己一个小小的失误，原本可以到手的房屋成了泡影。房屋没有了，如果定金再要不回来，自己损失可就太大了，真是一失足成千古恨。

有了合同履行之诉的判决，返还定金之诉在事实上审理起来比较简单，双方的争议焦点在于韩某在合同履行之诉还没有判决的情况下，便出卖房屋的行为是否构成违约。韩某主张在孙女士构成违约后，韩某有权利解除合同，该权利的行使是自主行使，并不一定需要在法院判决后才能确定行使。笔者主张，韩某在提出反诉之前并未正式向孙女士书面提出解除合同，在反诉中韩某才第一次提出请求解除合同，该案在审理过程中，在没有确定判决的情况下，韩某就将涉案房屋另行出售，已构成违约。

最终法院认定孙女士逾期付款构成违约，韩某享有解除权，但韩某在提出反诉之前并未行使解除权，在反诉中也是请求解除合同，并非请求确认解除合同，在判决未生效确认前，韩某提前五天另行出售房屋的行为，亦构成违约。定金作为债权担保的一种方式，促使双方积极履行合同，现双方均已构成违约，定金目的无法实现，也失去适用基础，故判令将 20 万定金全部返还。

失之毫厘，差之千里——"飞掉"的房屋

随后，韩某提起上诉，二审予以维持，孙女士终于松了一口气，虽然房屋没有买到，但至少定金要了回来，此次可谓是血的教训。

办案解析

（一）失之毫厘，差之千里

笔者承办本案印象最深刻的便是失之毫厘，差之千里。本案中，孙女士仅仅因逾期两天支付房款，便导致合同解除，原本应该到手的房屋也成了泡影，并且定金也差一点要不回来。面对上涨的房价，孙女士只能望洋兴叹，可谓"两天"的时间，结果却天壤之别。

孙女士能够将定金全部要回，"多亏"韩某提前五天将房屋出卖，对韩某而言，这次失误，也导致了自己构成违约，原本到手的定金只能全部返还，也可谓"五天"的时间，结果却天壤之别。

在履行合同之诉中，笔者与法官沟通过，法官表示在房价以如此速度上涨的情况下，仅仅相差两天合同便被解除，对孙女士虽表示同情，但法律就是如此，有时候不近人情，在合同明确约定了支付时间的情况下，哪怕逾期一天，也构成违约，结果就天壤之别。在此也提醒每一个人，严格依约依法律而行，否则可能

房不胜防

会引发蝴蝶效应。

（二）取证意识

在合同履行之诉中，导致孙女士败诉的一个主要原因便是其在 9 月 19 日与韩某电话沟通达成的延期两天付款的口头协议，未能提供足够的证据予以证明，导致该事实法院不予认定。

综合来看，孙女士应该是在 9 月 19 日与韩某电话沟通达成了一致，但并没有其他直接证据予以证明，当韩某不予承认时，该段事实便成了罗生门，而诉讼中主要看证据，没有证据，便要承担不利后果。

俗话说，害人之心不可有，防人之心不可无，在房产交易过程中，不要因为所谓简单、面子、信任等便放弃了取证。保存好证据，方能进退有据，掌握主动权。

（三）解除合同

合同的解除分为法定解除和约定解除，本案返还定金之诉中，韩某的违约行为在于未能合法地行使约定的合同解除权。在孙女士逾期付款构成违约的情况下，韩某可以根据合同约定，向孙女士发出书面解除合同通知，行使自己的解除权，随后可以起诉要求确认合同解除。韩某也可以无须提前向孙女士发解除通知，可以直接起诉要求法院解除合同，行使合同解除权。两种不同解除权的行使，诉讼请求也不同，这点需要注意。

失之毫厘，差之千里——"飞掉"的房屋

对于第二种方式行使合同解除权,解除权最终由法院判决来确定,在法院没有判决之前,解除权也即并未确定,此时合同还是生效的,对于合同标的不能擅自处分。另外,解除权一般具有法律规定或约定期限,要注意在期限内行使。

(四) 定金罚则

在交易的过程中,双方一般会约定定金条款,定金主要分为预约定金、履约定金、解约定金等,特别是解约定金,该性质的定金必须在合同中明确为解约定金才行,否则即为一般性质的定金。解约定金给予交易双方放弃或加倍返还定金的条件下单方面解除合同的权利,一方行使解约定金条款,则合同予以解除。

定金本身有其自身的特殊属性,在合同中必须明确为定金,而不能用保证金、订金等描述,定金的数额不能超过合同标的的20%,定金必须实际交付才能生效。

定金存在的目的是惩罚违约方,促进整个交易,如果双方均违约,则定金目的无法实现,也失去其适用基础。

编后

经过两次诉讼,案件终于尘埃落定,孙女士在此过程中已精疲力竭,原本以为在房价上涨前登上了末班车,没想到最终还是一场空。本案是在房价上涨的情况下,购房者的遭遇的一个小小缩影,房价上涨,物欲难敌,外加一连串的小失误,最终梦想落空。我们无法阻止飞涨的物欲,只能小心翼翼地走好每一步,把握好能够把握的。

房不胜防

法条链接

《中华人民共和国合同法》

第九十三条　当事人协商一致，可以解除合同。当事人可以约定一方解除合同的条件。解除合同的条件成就时，解除权人可以解除合同。

第九十四条　有下列情形之一的，当事人可以解除合同：

（一）因不可抗力致使不能实现合同目的；

（二）在履行期限届满之前，当事人一方明确表示或者以自己的行为表明不履行主要债务；

（三）当事人一方迟延履行主要债务，经催告后在合理期限内仍未履行；

（四）当事人一方迟延履行债务或者有其他违约行为致使不能实现合同目的；

（五）法律规定的其他情形。

第九十五条　法律规定或者当事人约定解除权行使期限，期限届满当事人不行使的，该权利消灭。法律没有规定或者当事人没有约定解除权行使期限，经对方催告后在合理期限内不行使的，该权利消灭。

第九十六条　当事人一方依照本法第九十三条第二款、第九十四条的规定主张解除合同的，应当通知对方。合同自通知到达对方时解除。对方有异议的，可以请求人民法院或者仲裁机构确认解除合同的效力。法律、行政法规规定解除合同应当办理批准、登记等手续的，依照其规定。

《中华人民共和国担保法》

第八十九条　当事人可以约定一方向对方给付定金作为债权的担保。债务人履行债务后，定金应当抵作价款或者收回。给付定金的一方不履行约定的债务的，无权要求返还定金；收受定金的一方不履行约定的债务的，应当双倍返还定金。

第九十条　定金应当以书面形式约定。当事人在定金合同中应当约定交付定金的期限。定金合同从实际交付定金之日起生效。

第九十一条　定金的数额由当事人约定，但不得超过主合同标的额的百分之二十。

失而复得
——"一房二卖"中的较量

编前 对于已经网签的商品房，经常出现逾期交房、逾期办证、房屋质量的纠纷，但很少会出现开发商"一房二卖"的情况。笔者下文要讲述的案件，便是房屋在已经网签的情况下，开发商将其另行出售他人，作为第一顺序购房者却成为被告，随着案件的深入，越来越多的真相浮出水面，可谓是案中案。

办 案 回 眸

（一）突然来的传票

砰砰的敲门声响起，紧接着门外传来送快递的声音，吴先生和往常一样，认为网购的东西到了，开门一看却是法院邮寄过来的邮件，吴先生想了一圈也想不出自己哪里缠上了官司，又不能拒签。吴先生签收拆封后，发现自己竟因购买的一套商品房成了被告，原告是陌生的何某，何某在诉状中称，自己购买了开发商的房屋，并交了全部房款，准备装修入住，这时才发现房屋已经被开发商网签给吴先生，现要求确认房屋所有权归何某所有，撤销开发商与吴先生的网签，并且开发商协助何某办理过户手续。

吴先生这才明白，原来开发商在与自己网签之后，又将房屋出卖给何某，如今何某先发制人，提起了诉讼。吴先生咨询了律师，律师答其复网签备案的合同优先于未网签备案的合同，吴先生紧张的心放下之后，便委托了律师参与诉讼。

（二）意外的判决

经过开庭审理，原本认为胜券在握的吴先生，在收到判决书后目瞪口呆，法院最终认定，何某与开发商签订的认购协议为有效合同，已付清全部房款，并缴纳物业费等占有该房屋，要求确认房屋归其所有及开发商协助办理产权登记手续的诉讼请求予以支持，关于撤销网签备案诉求，属于行政机关行政行为，不属于民事案件审理范围，该诉求不予支持。至于吴先生与开发商之间的纠纷，吴先生可以向开发商另行主张。

拿着不可思议的判决书，吴先生找到笔者，笔者看了材料后给吴先生做了分析，总体而言，一审判决书存在严重问题，许多基本事实未查明，法律适用上也明显存在问题，主要有以下几点。第一，何某的诉讼请求存在问题，何某诉求确认房屋归其所有，根据相关法律，在房屋买卖中，合同尚未履行完结的，买受人要求确认房屋所有权归其所有的，法院应当释明在合同履行中，买受人可以诉求协助过户及交付，但不能直接要求法院确认其对房屋的所有权，如果买受人坚持确认所有权，则驳回其诉讼请求。本案中，法院判决确认何某对房屋享有所有权存在错误。第二，本案中，吴先生根本不是认购协议合同的相对人，不应该被当作本案被告参与诉讼。第三，何某与开发商签订的是认购协议，并非商品房买卖合同，何某虽然交纳了物业费，但实际上并未居住其中，并未实现房屋的占有，一审法院仅仅凭着何某交纳物业费便认定何某占有房屋，认定错误。吴先生的合同签订时间早，亦交纳全款，并且已网签备案，合同应当优先于何某的履行。总之，一审存在严重问题，二审发回重审的可能性较大。

吴先生听了笔者的分析后，决定委托笔者提起上诉，这是吴先生购买的婚房，如果房屋保不住，吴先生也无法面对爱人。面对吴先生的寄托，笔者也是倍感压力，可谓背水一战。

（三）重大发现

接受吴先生的委托后，笔者调取了一审的所有卷宗，对整个事实进行了进一步的整理，何某与开发商的交易存在许多异常行为，可能另有隐情。第一，按照正常交易流程，何某与开发商签订认购协议，何某至少应当向开发商交付部分定金，而何某未向开发商支付任何定金。第二，按照正常交易流程，一定是付款在前，交房在后。本案中，实际交付房款的时间晚于约定的交房时间。第三，按照正常交易流程，在签订认购协议之后，应当签订正式的商品房买卖合同，在签订正式的买卖合同后，购房者才会支付全款。本案中，何某仅仅在签订认购协议书后便支付全款，明显与正常交易不符。

带着种种疑问，笔者实地调查，多方打探，汇集各方面信息，判断何某与开发商之间可能存在借款关系，开发商将房屋顶账给何某。目前，开发商的控制人已经被公安机关以非法集资的罪名予以逮捕。为了获取直接证据，笔者向二审法官申请了调查取证，法官亲自去公安局将有关资料予以调取，资料显示何某与开发商之间存在借款合同，所借的数额和认购协议书上的数额一致，至此所有的疑惑均得以解开。

在吴先生与开发商签订合同并备案之后，开发商面临巨额资金缺口的压力，于是通过民间借贷方式集资，在此期间与何某签订了一份借款合同，在借款合同之外也签订了一份认购协议，将涉案房屋抵债给何某，导致本案的发生，有了上述事实，对二审的把握更大了。

（四）背水一战

二审如期开庭，笔者除了前文所述分析主张之外，另外着重强调在二审期间调取的借款合同，何某和开发商之间实质上是借贷关系，双方以签订认购协议书的形式，将房屋予以抵偿借款，一审法院对该事实未予以查明。根据规定，这种以买卖合同作为

房不胜防

民间借贷合同担保的，借款到期后，借款人不能返还借款，出借人要求履行买卖合同，法院应当按照民间借贷关系审理，向当事人释明变更诉讼请求，当事人拒绝变更的予以驳回。

最终二审法院认定，一审判决存在事实审理不清，法律适用错误，发回重审。发回重审后，一审法院驳回了何某的诉讼请求。随后，吴先生提起了诉讼，法院最终判定要求开发商履行与吴先生的合同，办理过户并交房。最终，吴先生在房屋内举办了婚礼。

办案解析

（一）"一房二卖"

"一房二卖"主要指出卖人就同一房屋分别签订数份买卖合同，将房屋出卖给不同的人。"一房二卖"主要发生在未网签备案的阶段，像本案这种已网签开发商还另行出卖的情况比较少。

"一房二卖"必然涉及两个不同的买受人，对于合同的履行顺序，法律规定还是比较明确的，主要按照是否办理所有权转移登记、是否实际占有来判断，在均未办理所有权转移登记、实际占有的情况下，会从实际付款的数额及先后、是否网签、合同签订先后等因素综合考虑。

对于出卖人的"一房二卖"，买受人无法从根本上防止，但可以从其他方面尽量防止"一房二卖"，防患于未然。在签订合同之前，对出卖人做个初步调查，开发商"一房二卖"，一般是受到了非常大的资金压力，铤而走险，以房抵债。如果在签订合同时，能够对开发商的经营情况做个初步了解，及时发现开发商已经陷于资金问题或有大量借款纠纷诉讼，购房者就应当持谨慎态度购房。对于初步调查，可以通过多方打听，网上查询，特别是借助法院裁判文书网、被执行人查询网等进行调查。

除了在签订合同之前进行初步调查之外，在合同的约定上，也可以约定尽快办理网签、过户和交付等的时间，尽早占有房屋，另外也可以通过加重违约金的约定，促使对方守约。

（二）顶账房

开发商由于资金问题用房屋担保借款或直接用房屋抵债，这种房屋俗称顶账房，本案便是典型的顶账房。本案二审最终能够发回重审，得益于在二审期间调查发现的何某与开发商之间的借款合同等，以此法院认定涉案房屋为顶账房。

对于顶账房的处理，在当事人要求履行买卖合同的时候，法院应当将借款合同和房屋买卖合同分开处理，按照借贷关系予以处理，释明当事人变更诉讼请求，如当事人拒不变更，法院应当驳回其诉讼请求。

被顶账人可能一次获得很多顶账房，自己又不需要，便会将其以低于市场的价格转卖，许多购房者被低价格吸引，明知是顶账房但还会购买，而这也常常存在很大的风险。一般转手顶账房的买卖，其购房合同与开发商签订，钱款却要打入被顶账人账户，如果产生纠纷，则很难说清楚。如果非要购买顶账房，在与开发商签订要备案的合同之外，必须另行与开发商、顶账人签订三方协议，把权利义务约定清楚，以备不时之需。

（三）诉讼请求的设计

本案一审判决除了基本事实认定错误外，法院对于何某的诉讼请求明显存在问题也未予以发现并纠正，而是直接判决确认所有权，法院未尽到审查责任。

无论商品房还是二手房，在合同履行纠纷之诉中，关于诉讼请求应当为判令合同继续履行，协助过户、交付房屋，而不能直接要求法院确认房屋归其所有，因为确认物权是以存在物权归属争议为提前，在买卖合同履行中，并非对物权产生纠纷，不应纳入物权确认之诉。

在诉讼中，案由、诉讼请求可谓至关重要，案由、诉讼请求决定了整个后续的诉讼方向，在立案之前务必确定好诉讼请求，不要因诉讼请求影响整个诉讼结果。

（四）刨根问底

本案二审能够出现转折得益于顶账房事实的发现，而顶账房事实的发现主要在于笔者对于何某与开发商的整个交易流程存在问题的怀疑。面对疑问，笔者没有一笔带过，而是刨根问底，最终真相大白。

失而复得——"一房二卖"中的较量

异于正常的，必存在异常情况。作为一名律师，除了对法律了然于胸以外，还要对将要处理的事情有所了解，知己知彼，方能进退有度，而且还需要保持敏感度，及时发现隐藏的问题。如本案中，正是由于笔者对整个商品房交易流程有充分的了解，以此来对比何某与开发商的交易流程，发现许多异常所在，然后对线索刨根问底，在得到答案后，再反观案情，至此，所有的疑问全部得以解开。

编
后

现实中存在许多像吴先生一样的购房者，作为工薪阶层，在生活中小心翼翼地攒钱，以此来购买人生中的第一套房屋，本以为终于可以安居，却没想到半路被夺。本案如果房屋最终被夺，吴先生真不知如何面对未来了，幸亏结局美好。笔者极少参加委托人的婚礼，但吴先生是个例外，踏进婚房，看着吴先生夫妻幸福的笑容，笔者再次坚定内心，每一个案件，并不仅是冷冰冰的证据、法律，更是情真意切的生活，所以必须全力以赴。

法 条 链 接

《最高人民法院关于审理民间借贷案件适用法律若干问题的规定》

第二十四条　当事人以签订买卖合同作为民间借贷合同的担

保，借款到期后借款人不能还款，出借人请求履行买卖合同的，人民法院应当按照民间借贷法律关系审理，并向当事人释明变更诉讼请求。当事人拒绝变更的，人民法院裁定驳回起诉。

按照民间借贷法律关系审理做出的判决生效后，借款人不履行生效判决确定的金钱债务，出借人可以申请拍卖买卖合同标的物，以偿还债务。就拍卖所得的价款与应偿还借款本息之间的差额，借款人或者出借人有权主张返还或补偿。

《2015 年全国民事审判工作会议纪要》

五、关于房地产纠纷案件

（二）关于一房数卖的合同履行问题

27. 在审理一房数卖案件纠纷时，如果数份合同均为有效且各买受人均要求履行合同，一般应按照已经办理房屋所有权变更登记、合法占有房屋以及买卖合同成立先后等顺序确定权利保护顺位。恶意串通先行办理登记的买受人，其权利不能优先于已经合法占有该房屋的买受人；变更登记、合法占有发生在预告登记有效期内，登记权利人或占有人的权利不能对抗预告登记权利人。对于买卖合同的成立时间，应综合合同在主管机关的备案时间、合同载明的签订时间以及其他证据证明的合同签订时间等因素进行确定。

随风而逝

——爱与房屋

编前

每一个人都希望自己的爱情能够长久，买房筑家，结婚生子，努力经营爱情，原以为可以天长地久，却不经意间败于现实，失去了爱情，也失去了房屋。下文要讲述的就是从最初的天长地久的誓言到最终的法庭相见，共同购买的房屋，也被曾经的爱人夺去。

办 案 回 眸

（一）买房筑家

齐女士和关某相识于 2007 年 3 月，交往不久后，在 2007 月 7 月，两人便同居了，过起了柴米油盐的生活。日子久了，买房结婚便提上了日程，关某是当地人，齐女士是外地人，关某的母亲希望关某找一个当地的儿媳妇，因此一直反对关某和齐女士交往。由于买房的首付款大部分需要关某的母亲替关某出，所以为了过

房 不 胜 防

母亲这关，关某提出先以自己的名义买房，再说现在两人已经同居这么久，买的房屋肯定是共同所有，此生不会分离。齐女士虽然心里不痛快，但的确存在这样的客观情况，爱情倒也是长长久久的，齐女士就同意了。

经过看房，2008 年 12 月，两人看上了一套总价 90 万元的房屋，首付款是 20 万元，贷款 70 万元，关某的母亲帮关某付了 17 万元首付款，齐女士拿出了 3 万元支付首付款，并以关某的名义签订了购房合同。

随后两人搬进新房住，关某的母亲也慢慢地松了口，两人终于在相识两年后，于 2009 年 3 月登记结婚，齐女士心想总算有一个完整的家了。

（二）爱随风去

有了自己爱巢的齐女士，更是用心经营着这个家，但婚后的生活不尽如人意，关某的母亲还是对自己有偏见，婆媳关系很僵，关某也经常为了小事在家里发脾气，甚至夜不归宿。双方关系越来越恶化，亲朋好友调解了几次，但和好没多久便又关系恶化，双方只能离婚。

双方结婚两年多，没有孩子，主要财产除了房屋之外，没有其他共同财产，双方的争议主要在房屋，齐女士认为房屋是在双方同居期间购买，首付款中有自己的出资，房贷也是两人共同还的，房本也是婚后取得，所以房屋属于二人共同所有。关某认为虽然房本是婚后取得，但房屋是婚前购买，首付款由自己一人出资，购房合同也仅以自己一人名义签订，且房屋登记在自己一人名下，所以房屋属于其个人单独所有。

双方争议难以达成一致，关某将齐女士告上法庭，要求判令离婚，房屋归其所有。

（三）缺乏证据

齐女士找到笔者，讲述了案情，笔者听完后发现目前的局势对齐女士不是很有利。第一，房屋是婚前以关某一人名义签订的购房合同，现在也是登记在关某一人名下，如没有其他证据证明同居期间两人共同出资购买，则房屋很可能属于关某。第二，齐女士可以主张，在关某购买房屋的时候，两人已经同居，财产混同，且实际上齐女士也付了 3 万元首付款，因此房屋属于两人共同出资购买，属于共同财产。第三，关于上述主张，齐女士手中并没有充足的证据证明与关某同居以及共同出资购买房屋，这一点对齐女士很不利，如果法院对这一点不予认定，则可能房屋会判给关某。第四，如果最终法院未认定两人共同出资购买房屋，法院会将房屋判给关某，但关女士可以主张婚后两人共同还贷，对于房屋增值的部分要求分割。

听完笔者的分析，齐女士表示不解，房屋的确是婚前购买，但是在房屋购买期间两人已经同居很久，实际上两人的钱财也是不分你我，为什么不能从同居这个时间点去判断，非要从结婚时

房 不 胜 防

间去判断。

笔者见齐女士如此问，知道齐女士可能陷入了同居的陷阱。笔者给齐女士做了解释，同居和结婚对于双方共同财产的认定是不同的，在没有特殊情况下，只要婚姻期间购买的房屋均视为共同财产，如一方主张不属于共同财产，则由其承担举证责任。而对于同居期间购买的房屋谁购买视为谁所有，如一方主张属于共同财产，则要承担证明出过资或财产混同的举证责任，如未能举证，则不予支持。如本案中，齐女士主张房屋属于共同财产，则要证明两人同居，并且在同居期间财产混同或者齐女士对房屋出过资，但实际上 3 万元的购房款，齐女士是通过现金给关某的，并没有收据等，即使要证明两人从 2007 年 7 月便开始同居的事实，齐女士也没有足够的证据，如没有上述证据，法院很难认定房屋属于二人共同所有。

听完笔者的解释，齐女士这才意识到由于自己之前的认知错误，导致自己处于十分被动的地位，怪自己当时在恋爱中失去了理智，一些本应该坚持的地方却没坚持。

（四）寻找证据

目前的局势对齐女士很不利，在开庭之前必须找到充足的证据才行。而这时，由于齐女士已经从房屋中搬出来很久，手中证据并不是很多，当初给关某的 3 万元购房款又是现金交付的，手中没有证据，关于同居的证据，一些相关证人不愿作证，而物证齐女士手中亦没有。

为了搜集证据，笔者来到齐女士的住处，和她一起寻找证据。找了一圈，都是齐女士结婚之后的证据，没有同居期间的证据，正要放弃的时候，笔者在一堆杂物中发现有一叠杂乱无章的生活便条，便条上有日期，内容是这两人同居期间的留言，如"亲爱的，早饭我已做好，我上班去了，你起床后记得吃早饭"。其中也有双方约定某时间一起看房等信息。虽然便条上并没有关某的署名，但便条上的笔迹是关某所写也可以达到证明的目的。至此，虽然手中证据不多，但总可以努力一下。

（五）相见于法庭

案件如期开庭，关某对于同居以及 3 万元购房款的事实全盘不予承认，齐女士提交生活便条，以此证明两人同居以及一起相约看房的事实。关某开始时对于生活便条也不予以承认，齐女士提出笔迹鉴定后，关某承认便条上的字是其所写，但只是双方随意写的，并非如字面表达的意思，房屋是其一人婚前购买，与齐女士没有关系。

笔者主张，根据生活便条可以证明两人已经同居生活，财产混同，并且在同居期间，两人一起相约看房买房，齐女士出资 3 万元，两人一起出资购买房屋。另外，即使最终法院认定房屋由关某一人婚前购买，婚后也是由两人共同还贷，对于房屋增值的部分，齐女士也应当获得分割，关某对婚姻是存在过错的一方，

房不胜防

齐女士是女方，法院应当照顾齐女士。随后，法院对房屋市场价值进行评估，确定房屋市场价格为 290 万元。

最终法院认定夫妻感情是婚姻存续的基础，现双方均同意离婚，予以准许。根据齐女士提交的多份生活便条可以认定，双方在 2007 年 7 月开始同居，但生活便条并不能证明双方财产混同，也不能证明双方共同出资购买房屋。齐女士主张出资 3 万元购买房屋，但并未提供证据，法院不予认可。关某提供证据证明房屋是其婚前一个人出资购买，婚后亦登记在其一人名下，法院认定房屋系关某婚前个人购买，双方在婚姻存续期间共同偿还了部门贷款，考虑到房屋在婚姻期间的实际增值，关某应当对齐女士支付相应补偿，最终法院判令准予两人离婚，房屋归关某所有，关某补偿齐女士房屋增值补偿款 110 万元。

判决后，双方针对房屋归属及补偿款判决，均提起上诉，二审法院予以维持。

办案解析

（一）同居关系

同居关系主要指男女双方未经结婚登记而具有较稳定的长期共同生活关系。对于同居期间产生的孩子抚养权、财产分割等争议一般按照婚姻法予以处理，但在具体处理上有些不同。

随风而逝——爱与房屋

对于同居关系的认定，这个必须提供证据予以证明，而不像婚姻关系，只要有结婚证即可，并不需要其他证据证明。

对于同居期间共同财产的认定，一般必须提供证据证明对该财产进行了出资才行，并不是在同居期间购买的财产便是共同财产，而对于婚姻关系，一般主要证明该财产是在婚姻期间购买的便可以认定是共同财产，不须证明对该财产进行过出资。

由于上述原因，在处理同居关系纠纷的时候，相比于婚姻关系纠纷，则往往要承担更多的举证责任。如本案中，齐女士举证了大量的生活便条，以此来使法院认定其同居关系。但在出资购买房屋的举证上，齐女士由于未能充足举证，导致法院没有认定。

随着时代的发展，婚前同居越来越普遍，婚前同居可以在结婚之前加深彼此的了解，为结婚做好准备。但在同居的时候，为了防止以后出现不必要的纠纷，在涉及财产的时候，双方最好书面约定好归属，保存好各自出资的凭证。

（二）离婚中的房屋

离婚纠纷中关于财产的争议一般是针对房屋的争议，没有特殊情况时，婚前由个人出资购买，婚后登记在个人名下，法院一般会认定房屋归个人。婚前由个人出资购买，婚后登记在夫妻两人名下，法院一般会认定房屋为共同财产。对于结婚之后，无论以谁的名义购买，无论登记在谁的名下，法院一般会认定为共同财产。

对于婚前由个人支付首付款，婚后登记在个人名下，但是在婚姻存续期间由夫妻双方共同还贷的房屋，离婚双方无法达成一致的，法院一般会判令房屋归属登记名字的一方，由该方向另一方对房屋增值部分及还贷进行补偿。

在本案件中，由于齐女士关于首付款出资证据的缺失，最终法院将房屋判给关某，但对房屋增值部分，法院判了一半多的增值额支持了齐女士，弥补了齐女士的损失。

（三）见微知著

本案法院对于同居关系的最终认定，乃至将房屋增值部分的一半多判给了齐女士，多亏了生活便条等证据的支持。在判决过程中，法院的主要依据便是证据，因此在诉讼中证据可谓是重中之重，但许多当事人疏于对证据的保管，当纠纷发生的时候，往往缺乏证据支持。此时作为律师，并不能因委托人自己说没有证据，而放弃证据的收集，更要亲身参与其中，协助委托人搜寻证据。凡事必留痕迹，用心寻找，注意细微证据，在没有直接而重大的证据的情况下，用细微琐碎的证据去还原事实，从而影响裁判者的认知。

虽然本案中法院最终并未以生活便条认定齐女士对于首付款亦出资3万元，但以生活便条认定了同居关系。从最终法院判决房屋增值部分一半多归齐女士，也可以窥视法院在某种程度上从客观事实上认为齐女士应当是出资了3万元，其中，生活便条这一证据可谓起到了重要作用。

庭审中，法官问关于屋内家具等物品齐女士是否主张，齐女士表示睹物思人，不予主张，在最后的陈述中，齐女士当场情绪失控痛哭不止。可见，这份感情对齐女士的伤害很深，倾注全力的付出与信任，最终随风而逝。爱情是美好的，但在爱情中也要保持理智，一些财产的出资，要留存好证据，约定好归属，至少当爱情随风而去的时候，还有遮风挡雨的屋。

法条链接

《最高人民法院关于适用〈中华人民共和国婚姻法〉若干问题的解释（三）》

第十条　夫妻一方婚前签订不动产买卖合同，以个人财产支付首付款并在银行贷款，婚后用夫妻共同财产还贷，不动产登记于首付款支付方名下的，离婚时该不动产由双方协议处理。

依前款规定不能达成协议的，人民法院可以判决该不动产归产权登记一方，尚未归还的贷款为产权登记一方的个人债务。双方婚后共同还贷支付的款项及其相对应财产增值部分，离婚时应根据婚姻法第三十九条第一款规定的原则，由产权登记一方对另一方进行补偿。

房不胜防

《最高人民法院关于人民法院审理未办结婚登记而以夫妻名义同居生活案件的若干意见》

8. 人民法院审理非法同居关系的案件，如涉及非婚生子女抚养和财产分割问题，应一并予以解决。具体分割财产时，应照顾妇女、儿童的利益，考虑财产的实际情况和双方的过错程度，妥善分割。

10. 解除非法同居关系时，同居生活期间双方共同所得的收入和购置的财产，按一般共有财产处理。同居生活前，一方自愿赠送给对方的财物可比照赠与关系处理；一方向另一方索取的财物，可参照最高人民法院〔84〕法办字第112号《关于贯彻执行民事政策法律若干问题的意见》第（18）条规定的精神处理。

11. 解除非法同居关系时，同居期间为共同生产、生活而形成的债权、债务，可按共同债权、债务处理。

支离破碎
——一场拆迁安置房的争夺

编前

幸福的家庭都是相似的，而不幸的家庭各有各的不幸。笔者因为职业的原因见过太多不幸的家庭，许多不幸的起因是亲情在利益面前失控，原本温馨的家庭，硝烟四起。笔者下文要讲述的案件，便是一个家庭因拆迁安置房所引起的纠纷，经过多次诉讼，结果也让人不胜感叹，幸福支离破碎。

办 案 回 眸

（一）温馨家庭

记得第一次见面，萧先生给笔者讲述案情时怒气冲冲，但当讲到过去的生活时，不经意间，萧先生的眼中闪过一丝温馨。1986 年，5 岁的萧先生随着母亲改嫁许某，许某也是再婚，有一女儿许小某。重新组合的一家四口，居住在许某父亲许老爷子承租的公房中，萧先生的户口也随之迁入此公房。

房 不 胜 防

新组建的家庭并没有想象中那么多的摩擦，许某待萧先生如同亲生，萧先生也处处呵护比他小两岁的妹妹许小某，萧先生在这个温馨的家庭中快乐成长。

1996 年，该公房拆迁，按照拆迁政策，许老爷子、许某、许小某、萧先生共计 4 人作为被安置人口，分得了 101 和 102 两套拆迁安置房，一家人居住在其中。

（二）硝烟四起

2007 年，许老爷子去世，争夺拆迁安置房屋的战争也一触即发，许某瞒着萧先生和萧先生的母亲，悄悄地将 102 房屋买私后登记在许小某名下，将 101 房屋的承租人变更登记在自己名下，当萧先生和母亲知道后，冲突由暗到明，家庭的温馨一去不复返。

随着冲突加剧，双方开始分居，萧先生和母亲居住在 101 房屋，许某和许小某居住在 102 房屋，然而分居并没有让双方冷静，最终萧先生的母亲和许某在法庭相见，法院判决双方离婚，101房屋归许某居住。

法院判决萧先生的母亲和许某离婚后，萧先生在 101 房屋结婚，并对房屋进行了装修，之后许某多次要求萧先生腾房，萧先生均没有理睬。

（三）腾房之诉

因萧先生拒不腾房，故许某将萧先生起诉至法庭，要求其腾

支离破碎——一场拆迁安置房的争夺

房，并支付居住期间的房屋使用费。萧先生接到传票后，才明白亲情已荡然无存，终要兵戎相见。

笔者在萧先生的不断哀叹中听其讲完案情，并查看了萧先生提供的材料，然后给萧先生做了如下分析。第一，根据拆迁政策及拆迁补偿协议，萧先生是被拆迁安置人口之一，所以对101和102房屋享有自己的权益，并不会因房屋未登记在自己名下而丧失自己的权益。第二，基于对房屋的权益，萧先生可以主张对房屋享有居住权，许某无权要求腾房。第三，现在101房屋的承租人是许某，萧先生可以主张许某并非101房屋的所有权人，现在家庭内部对此存在争议，许某无权起诉腾房。第四，鉴于上述分析，萧先生除了应腾房之诉外，可以另行主动起诉，要求确认对101和102房屋享有的居住权，以此来中止腾房之诉，也进一步确定自己享有的居住权。

（四）居住权之诉

萧先生认为对腾房之诉不能坐以待毙，所以主动提起诉讼，要求确认对101和102房屋享有的居住权，在萧先生提起居住权诉讼后，法院将腾房诉讼中止。

笔者主张，萧先生自5岁起就居住在被拆迁的老房屋内，户口也一直在其中，根据拆迁政策及拆迁补偿协议，萧先生是明确作为被安置人口被安置在101和102房屋，也一直居住在101房屋，并对房屋进行了装修。萧先生和许某一起生活多年，形成法

房不胜防

定继父子关系，也愿承担赡养义务，目前萧先生已在101房屋内结婚生子，这也是一家三口唯一的住房，如果居住权无法确认，一家三口将无家可归。

许某和许小某抗辩，房屋是许老爷子的老房屋被拆迁所分配的，与萧先生没有任何关系。现在101房屋的承租人是许某，租金也一直由其交纳，在许某和萧先生母亲的离婚判决中，已经确认101房屋由许某居住，许某也仅此一处住房。许小某主张102房屋是自己因拆迁被安置所得，也是由自己出资买私的，所以自己也应是唯一的房屋所有权人。

最终，法院认定，依据公房租赁合同，许某是101房屋承租人，且依据许某与萧先生母亲的离婚判决书，101房屋应当由许某继续承租居住。102房屋一直由许小某居住，现已由许小某自己出资买私，萧先生并未出资，所以许小某为房屋所有权人，判决驳回萧先生的诉讼请求。

萧先生提起上诉，二审法院维持一审判决，但在判决书中指出，根据拆迁政策及拆迁补偿协议，萧先生属于被安置人口，对安置面积的增加有一定贡献，可另行主张相应的经济补偿。

随着居住权之诉判决生效，腾房之诉也恢复审理。最终，法院认定101房屋是公房，许某是承租人，在离婚判决中也予以确认，虽然公房使用权人并不是所有权人，但依然对公房享有独立且排他性的占有、使用和收益的权利。萧先生主张享有居住权已在居住权案中被法院驳回，相关权益可另行主张，所以腾房之诉判决萧先生腾退房屋。萧先生提起上诉，二审法院维持一审判决。

（五）经济补偿之诉

经过居住权、腾房两次诉讼，萧先生最终被迫搬出居住多年的房屋，当年分配安置房的时候，明明是考虑了萧先生作为被安置人口的因素，如今萧先生竟无容身之地，只能通过要求经济补偿来弥补损失。

萧先生提起诉讼，要求许某、许小某给付拆迁安置经济补偿款，由于有了之前居住权、腾房两次诉讼审理事实作为依据，加上法院在上述判决书中已认定萧先生可以另行主张相应的经济补偿，所以本案审理起来比较快，争议焦点是诉讼时效和具体补偿额。

许某和许小某主张，萧先生诉讼请求已过诉讼时效，其对101和102房屋均未出资，无权获得经济补偿。

笔者主张，本案是物权权益请求，并不受诉讼时效限制。同时，萧先生一直通过居住权等诉讼维护权益，并未超过诉讼时效。关于补偿额，旧房屋拆迁时没有货币补偿，仅有101和102两套房屋补偿，萧先生作为4名被安置人之一，至少应获得101和102房屋当前市场价值的四分之一以上。此外，102房屋是由萧先生出资装修，并且这是一家三口唯一的住房。

在法院的主持下，双方就101和102房屋当前市值达成了一致看法，将其总额计为700万元。最终，法院认为萧先生作为被

房不胜防

拆迁安置人口之一，对 101 和 102 房屋面积的增加有一定贡献，许某和许小某因此受益，应当给付萧先生补偿。由于萧先生作为被拆迁安置人口仅是因为其与许某的家庭成员关系而予以安置，并未对被拆迁房屋有过贡献，且萧先生的母亲与许某已离婚，另外购买 102 房屋时萧先生未出资，如果购买 101 房屋，萧先生也难再出资，综上考虑，法院酌情判定许某和许小某给付萧先生经济补偿 120 万元。本案属于主张物权权益纠纷，许某和许小某主张的超过诉讼时效，法院不予支持。

一审判决后，双方均上诉，二审维持原判，历经几年、引起多起诉讼的拆迁安置房的争夺，终于尘埃落定。

办案解析

（一）拆迁安置房

拆迁安置房指房屋被拆迁后，拆迁人对被拆迁人的一种补偿，依据不同项目的拆迁补偿政策，拆迁安置房的安置也不尽相同，有的是原地回迁，有的是外地安置，有的是只有安置房无货币补偿，有的是既有安置房也有货币补偿，有的是给予货币补偿后，另外再给予选择低成本购买安置房的名额。

由于拆迁安置房具有一定的福利性质，部分地区将其按照经济适用房的性质管理，一般规定几年内不准上市交易，即使达到年限可以上市交易，也需要缴纳一定的土地出让金等。

在拆迁安置房安置的过程中，除了考虑被拆迁房屋之外，一般还会考虑其中的户口、居住人等因素，以此决定拆迁安置房的面积，如本案中101和102拆迁安置房的面积便考虑了萧先生的因素。虽然拆迁安置房的安置会考虑多种因素，但拆迁安置房往往最终被登记在被拆迁房屋原房主名下，而不是其他户口、居住人名下，这其中容易产生争议。由于房屋所有权已经确认，其他被安置人只能从居住权、经济补偿等途径去保障自己的权益，这也导致了拆迁安置房经常引起连环诉讼。

（二）拆迁安置房诉讼

如前所述，由于拆迁安置房本身的特殊性，经常会引起连环诉讼，例如本案围绕拆迁安置房发生了腾房、居住权、经济补偿等多起诉讼，可谓一环扣一环，有相同点，也有差异，理清关系，抓住重点，才能进退自如。

拆迁安置房的腾房、居住权、经济补偿等，目前法律并未对其有明确的规定，在实践判例中也各不一致，甚至有案情相似结果却相反的案例。

关于腾房诉讼，往往最终以是否有居住权作为依据，如果法院认定居住人享有居住权，那么就不会支持腾房的诉求，如果法院认定居住人不享有居住权，会支持腾房的诉求。对于公房承租人提出的腾房请求，在本案中，法院认为公房承租人享有独立且排他性的

房不胜防

占有、使用的权利，可以直接要求腾房，而有的法院认为，对于这种家庭纠纷引起的腾房诉讼，在公房未买私、承租人未转为所有权人之前，承租人是没有权利提起腾房诉讼的，须待房屋所有权人确定后方可提起。

关于居住权诉讼，作为被安置人的萧先生虽不是房屋所有权人，但可以向法院申请确认其对房屋享有居住权，以此保障自己的权益，该居住权亦可对抗房屋所有权人，房屋所有权人不能要求居住权人腾房或支付房屋使用费。在居住权诉讼中，被安置人承担举证责任，必须证明依据拆迁政策、拆迁补偿协议，自己是明确的被安置人，安置房的面积中有自己的份额。上述的举证仅仅是一个前提，并不等于完成了举证，法院会确认居住权，同时，还会考虑其他的因素再做出最终认定。另外，即使法院最终确认了居住权，也存在执行难的问题，先拥有对房屋的控制权的一方占优势。

关于经济补偿诉讼，许多纠纷实质上就是关于金钱的纠纷，如前所述，即使法院确认了萧先生是被安置人，但最终也未支持萧先生确认居住权的请求，最终只能通过经济补偿来解决纠纷。对于拆迁安置房的经济补偿比例，法律也没有明确规定，法院会综合考虑各种因素，酌情认定。

（三）长远布局

本案中，双方各提起多起诉讼，盘根错节，环环相扣，作为当事人的律师必须具备全局观，布局要长远，不要限于当前的诉讼，必须把后期可能面临的诉讼提前想到，做到进退自如，为后期的诉讼做好准备。

本案在居住权的诉讼中，根据二审的庭审情况，笔者发现很有可能维持一审判决，则后续将会面临经济补偿诉讼，为了后续的经济补偿诉讼，笔者向法院强调，即使最终维持一审判决，希望法院在论述的时候，能够将萧先生作为被安置人以及其可以获得相应补偿的这一事实予以认定。最终，二审法院虽维持了一审判决，但在论述中将萧先生属于被安置人口，可另行主张相应经济补偿予以认定，而这一认定也为后续的经济补偿诉讼打下了基础。

编后

记得在经济补偿诉讼二审庭后，萧先生和母亲与许某、许小某在法院门口相见，双方早已形同陌路，原本温馨的家庭，如今支离破碎。这也值得许多人反思，在经济利益面前，如何控制内心的物欲，平衡亲人之间的关系，没有亲情的拆迁安置房，是不是冰冷了些。

法条链接

《中华人民共和国物权法》

第三十二条　物权受到侵害的，权利人可以通过和解、调解、仲裁、诉讼等途径解决。

　　　　　　　　　　　　　　　　房不胜防

第三十三条　因物权的归属、内容发生争议的，利害关系人可以请求确认权利。

第一百一十七条　用益物权人对他人所有的不动产或者动产，依法享有占有、使用和收益的权利。

第一百二十条　用益物权人行使权利，应当遵守法律有关保护和合理开发利用资源的规定。所有权人不得干涉用益物权人行使权利。

拨开迷雾
——谁出卖了房屋？

编前

房屋买卖并不像一手交钱一手交货一样简单，它涉及非常复杂的流程，任何一个环节出现问题，都可能导致最终的交易失败。在复杂的流程中，房主委托他人售房是较容易出现问题的环节之一，且一旦出现问题，后果经常比较严重。下文要讲述的，就是一起夫妻一方"无权"代理出售房屋的案件，可谓拨开层层迷雾，才峰回路转。

办 案 回 眸

（一）夫妻共有房屋

在中介的帮助下，经过几个月时间的看房，董先生最终相中了于某的一套房屋，该房屋是于某和孙某的共有房屋，房屋登记在丈夫孙某名下，夫妻二人打算把房屋卖掉之后，分割房款再离婚，孙某委托于某卖房。董先生和于某讨价还价，最后双方僵持

房 不 胜 防

在 4 万元的差价上，于某表示 314 万元是和丈夫孙某约定的最低价格，如果低于 314 万元，孙某不会同意出卖房屋。董先生表示 310 万元是他能接受的最高价格，自己是换房，如果超过这个价格，则难以接受。

因于某迫切希望出卖房屋，所以最终做出让步，以 310 万元成交，为了让丈夫也同意，合同中约定的价格是 314 万元，董先生实际支付 310 万元即可，其余 4 万元由于某自己承担。双方合同约定房屋价格 314 万元，定金 20 万元，董先生实际支付定金 16 万元，于某出具 20 万元的收据。合同签订后，董先生把自己原有房屋出卖了。

（二）陌生的电话

随着房价的上涨，市场暗流涌动，交易进程也被打乱。房屋核验之后，于某迟迟不肯办理网签，随后提出涨价，被董先生拒绝。

随后，董先生接到一个陌生电话，电话里对方称其是于某的丈夫孙某，孙某表示房屋是两人共同所有，并未授权于某出卖房屋，所以于某与董先生签订的合同无效。挂掉电话后，董先生立刻给于某打电话，于某表示刚才那人确是自己丈夫孙某，自己是瞒着丈夫出卖房屋的，授权书上签的字不是孙某所签，现在丈夫不同意出卖房屋。

此消息对于董先生犹如晴天霹雳，为了通过购房资格核验，董先生早已将其自己名下的房屋出卖并过户，如无法购买孙某和于某的房屋，以现在房屋价格的上涨趋势，董先生也难以购房其他房屋，最终将无房可住。

心烦意乱的董先生找到笔者，并提出对方显然是因为现在房屋价格上涨而恶意违约的观点，自己是无辜的受害者，为什么不能继续履行合同。笔者请董先生少安毋躁，并把整个交易过程详细说一遍，着重说一下签合同时的情形。据董先生讲述，整个交易过程从未和孙某见过面，而一直都是和于某沟通，在签订合同当天，双方来到中介公司，于某拿着房本、孙某的身份证原件和孙某委托于某出售房屋的授权委托书。在签订合同，于某还特意和孙某通了一个电话，说需要孙某最终确定，通完电话后，于某才在合同上签字，但于某是出门和孙某通的电话，所以通话具体的内容董先生没有听到。

笔者听完后，给董先生做了如下分析。第一，房屋虽然登记在孙某一人名下，但是双方婚后购买的，属于夫妻共同财产，对于共同财产的处置，必须经夫妻双方同意后方可处置，仅有一方处置属于无权处分。本次交易中，于某有两个身份，一个身份是作为房屋共有人之一，其已同意本次的交易，另外一个身份是作为孙某的代理人，现在孙某否认授权，这是本次交易要面临的问题。第二，善意取得的一个构成要件是房屋过户，现在房屋并没有过户，本次交易不能构成善意取得。第三，本案的争议焦点在于孙某是否授权于某出卖房屋，虽然于某提供了授权委托书，但就目前情况来看，很可能授权委托书上不是孙某本人的签字，于某和孙某之间的通话内容也无法直接证明孙某对于某的授权。如果没有明确、直接的证据证明于某获得了孙某的授权，则要退一步去搜集证据，证明于某构成表见代理。第四，根据目前情况，于某急于与孙某离婚，所以急于房屋出手，在董先生未能满足其涨价的要求下，二人一定会另行出售房屋，现在需要向法院申请查封房屋，防止被另行出售。第五，如果通过法院判决继续履行合同，则董先生很难通过贷款的方式支付房款，必须有全款支付能力。

根据上述分析，笔者建议董先生立刻起诉，向法院申请查封其房屋，并联系中介，搜集于某有权代理的证据，同时筹集款项，准备全款支付房款。

（三）授权委托书

董先生及时立案，向法院申请对房屋进行查封，本案如期开庭，中介经纪人出庭作证，争议的焦点在于某是否获得了孙某的授权。孙某主张自己对于房屋出卖不知情，也未授权给于某，于某无权处分房屋，并申请对授权委托书的笔迹进行鉴定。于某则主张出卖房屋是自己擅自做主，并未经孙某同意，授权委托书上孙某的签字并非孙某所签，而是自己代签，自己也并未在签订合同前和孙某电话沟通。

笔者主张如下。第一，于某和孙某是夫妻关系，房屋也是两人共有，签订合同时，于某带着孙某的授权委托书、房本、孙某的身份证原件，在签订合同时，于某表示要最终征求一下孙某的意见，且打了一个电话后表示孙某同意，才签订的合同。中介经纪人也已出庭证明了此过程，于某是有权代理，即使授权委托书并非孙某签字，于某也构成了表见代理。第二，双方实际约定房屋价格为310万元，合同上约定314万元，这恰恰是于某说的314万元是孙某要求的最低价格，为了令孙某同意，双方在合同上约定314万元，实际按310万元履行，董先生支付16万元定金，于某出具20万元定金收据，从中也可看出孙某对整个交易知情。另外，虽然双方实际约定的是310万元，但董先生愿意再加4万元，按照合同约定的314万元履行合同。

庭后法院委托鉴定机构，对授权委托书上孙某的笔迹进行鉴定，最终鉴定结果显示，授权委托书上孙某的签字并非孙某本人所写，这一鉴定结果令案件被一层阴霾笼罩。

（四）速销服务协议

庭审后，笔者在与中介经纪人沟通时，经纪人表示此次交易她是第二个经纪人。早在之前孙某就委托过另外一个经纪人出售房屋，但未能交易成功，该经纪人辞职后，由她接手该单。按照流程，孙某应与公司签订过委托售房协议等文件，因之前不是她经办，所以手中没有此文件，但公司应当有。

了解到这个信息后，笔者向法院申请调查令，申请调取孙某与中介公司签订的委托售房协议等文件。笔者持法院的调查令，在中介公司调取了孙某与中介公司签订的速销服务协议，协议约定，孙某委托中介公司以不低于314万元的价格出售房屋。

又一次开庭，笔者主张，即使授权委托书上孙某并未签字，但通过其他证据可以证明孙某对本次交易是知情且同意的。从刚得到的速销服务协议证据可以看出，孙某此前已经委托中介公司出售房屋，出售房屋的价格不得低于314万元，与前述于某要求将310万元必须写成314万元的事实相一致，于某在获得孙某同意后，才签订的合同。

（五）最终的判决

庭审后，对于最终的结果，笔者也没有把握，并忐忑不安，还要看法院对证据的最终认定。

判决书终于公布，法院认定，本案争议焦点是于某以孙某代理人名义签订的合同，孙某对其是否知情且同意，虽然授权委托书上孙某的签字经鉴定并非孙某本人所签，但孙某与于某是夫妻关系，房屋属于两人共有，中介经纪人也出庭证明在合同签订时，于某与孙某进行了电话沟通，并经孙某同意后才签订合同。另根据合同，房屋价格是314万元，孙某与中介公司签订的速销服务协议约定最低出售价格也是314万元，于某出具定金收据20万元，而实际董先生仅支付16万元，上述内容应当是于某为满足孙某最低出售房屋要求而为之。以此看，合同的签订应当经过了孙某同意，如于某不想经过孙某同意，那合同完全可以按照 310 万元约定，而并不需要约定 314 万元，实际收到 16 万元，却出具 20 万元的定金收据，明显不合常理。综上，认定于某系有权代理。现董先生也同意按照 314 万元履行合同，并且提供一次性支付剩余房款的证明，合同履行不存在障碍，法院判令合同继续履行，董先生将剩余房款支付给于某、孙某，于某、孙某协助董先生过户，并交付房屋，支付违约金。

一审判决后，于某、孙某并未上诉，一审生效。历经一年多的时间，董先生终于实现了自己的换房梦想，此时房屋价格已涨到 450 万元。

办案解析

（一）无权代理

每当房价上涨过快时，无权代理纠纷便集中爆发。在二手房交易的过程中，许多签订合同的人并不是房主本人，往往是房主的亲朋好友，所持的授权委托书往往也是代理人带过来，无人亲眼看到委托人签字。上述操作，如果房价未上涨过快，则双方相安无事，授权委托书也就不会出现问题。但如房价上涨过快，房主涨价的要求未得到满足，房主便会从幕后走到幕前，主张其并未授权他人出卖房屋，拒绝履行合同。

　　　　　　　　　　　　　　　　　　　房不胜防

纠纷进入诉讼阶段，授权委托书经过鉴定，一般会被认为并非出卖人本人所写，此时买受人便处于被动地位，要承担大量的举证责任，证明是其授权或构成表见代理。而举证过程很艰难，很难达到法院的认定标准，像本案这种情况，还是比较幸运的，而大部分经常被法院认定为无权代理。

无权代理是二手房交易过程中最容易出现的问题，且一旦出现，后果就很严重。为了避免无权代理的问题，买受人必须提高警惕，最好直接与出卖人本人签订合同，同时，检验好房本、身份证原件等证件。如非要和出卖人的委托人签订合同，则要亲眼看到出卖人在授权委托书上签字，且自己留一份授权委托书原件，做好录音录像等保留证据。如无法做到亲眼看到签字，则要让对方将授权委托书进行公证，且不要因急于买房，而对这些原则性问题有所退让，退让的结果可能导致全盘皆输。

（二）夫妻共有房屋

在房屋买卖的过程中，经常遇到房屋登记在夫妻二人名下，或虽然登记在一人名下，却属于夫妻共同所有的房屋。对于夫妻共有房屋，买受人也必须保持谨慎态度，夫妻共有房屋的出卖必须经二人共同同意才行，如未经某一方同意，则另一方可能构成无权处分。

特别对于房屋仅登记在一人名下的情况，除了与登记人签订合同之外，还要取得另一方的同意出售证明。如果是夫妻一方委托另外一方出售房屋，也必须如前所述，完善授权委托书等手续，防止出现如本案的纠纷。

（三）善意取得

善意取得指无权处分人，将动产或不动产转让给善意第三人，第三人取得所有权，原权利人丧失所有权。善意取得并不是仅有第三人主观上的善意就行，还必须有其他的构成要件，必须有合理的对价转让，需要登记的必须登记，无须登记的须交付，满足所有要件才最终构成善意取得。

在本案中，董先生原本认为自己是善意的便可以主张善意取得，这也是普通百姓容易产生的一种错误认识，殊不知在未最终过户之前，不构成善意取得，这也是需要注意的地方。理清概念，方能对事情做好判断。

（四）完善证据链

本案在授权委托书被鉴定并非孙某本人签字，法院最终还是认定于某系有权代理，这离不开本案凭借其他证据所形成的证据链。在授权委托书被否定之后，仅凭中介经纪人关于签订合同当天于某与孙某通话的证言，难以形成充分的证据，所以必须寻找其他证据。

交易过程中的一个细节引起了笔者的注意，合同中约定是314万元，实际双方约定是310万元，于某实际收到16万元定金，却出具了 20 万元定金收据，这明显不合常理，而这种做法的主要目的是为了征得孙某的同意。随后经调查取证，获取了速销服务协议，从而与前述证据形成完整证据链，法院也以此认定孙某对该交易知情且同意，于是认定于某系有权代理。

在案件审理中，可能遇到各种证据甚至主要证据被否定等阻碍，此时不能轻易放弃，应当从其他方面寻找突破口，从细节入手，寻找其他证据，其他细微证据只要能形成完善的证据链，也能获得法官的认定。

编后 | 通过法院强制执行，董先生已将房屋过户到自己名下，在房价疯狂上涨时，总算有惊无险地实现了换房。董先生在事后感叹，如果最终法院未判令合同继续履行，自己可真就无家可归了。本案最终能够突破，离不开实际支付 16 万元定金，却开具 20 万元定金收据这一细节，最终法院也凭这一细节进行了认定，董先生也因此有房可住，真可谓细节决定成功。

法条链接

《中华人民共和国合同法》

第四十八条　行为人没有代理权、超越代理权或者代理权终止后以被代理人名义订立的合同，未经被代理人追认，对被代理人不发生效力，由行为人承担责任。相对人可以催告被代理人在一个月内予以追认。被代理人未作表示的，视为拒绝追认。合同被追认之前，善意相对人有撤销的权利。撤销应当以通知的方式做出。

第四十九条　行为人没有代理权、超越代理权或者代理权终止后以被代理人名义订立合同，相对人有理由相信行为人有代理权的，该代理行为有效。

《中华人民共和国物权法》

第九十五条　共同共有人对共有的不动产或者动产共同享有所有权。

第九十七条　处分共有的不动产或者动产以及对共有的不动产或者动产作重大修缮的，应当经占份额三分之二以上的按份共有人或者全体共同共有人同意，但共有人之间另有约定的除外。

第一百零六条　无处分权人将不动产或者动产转让给受让人的，所有权人有权追回；除法律另有规定外，符合下列情形的，受让人取得该不动产或者动产的所有权：

（一）受让人受让该不动产或者动产时是善意的；

（二）以合理的价格转让；

（三）转让的不动产或者动产依照法律规定应当登记的已经登记，不需要登记的已经交付给受让人。

受让人依照前款规定取得不动产或者动产的所有权的，原所有权人有权向无处分权人请求赔偿损失。

当事人善意取得其他物权的，参照前两款规定。

房不胜防

赶走物业公司，夺回停车位
——业主和物业公司的战争

编前	随着社会的发展和民众维权意识的提升，越来越多的小区业主开始注重维护自己的权益，而小区物业公司普遍存在服务不达标、暗箱收费、私占公用设施等问题，本应为业主服务，却凌驾于业主之上。下文要讲述的案件，便是物业公司服务不达标，并且占用停车位，私吞停车费，引起了和业主之间的战争。

办 案 回 眸

（一）谁的停车位

小区楼盘开始出售后，在业主与开发商签订房屋买卖合同之时，约定了业主委托开发商聘请前期物业公司。小区建有地上停车位，在房屋交付时，如果业主需要停车位，那么业主需要另行和物业公司签订车位租赁协议，向物业公司缴纳停车费。随着入住业主越来越多，原本规划的停车位已不够用，物业公司在小区内又另行开辟了停车位，出租给业主。

房屋全部销售并交付完毕后，开发商退场，小区的日常事务由物业公司负责，而物业公司的服务越来越引得业主的不满，服务质量差，乱收费，账目不公开，特别是对小区规划的 200 多个车位，外加另行开辟的 100 多个车位，共计 300 多个车位的收入支出情况从不公开。

（二）起诉被驳回

300 多个车位一年收入数十万元，这可不是一笔小数目，业主向物业公司主张这笔钱应当归全体业主，物业公司无权占为己有。物业公司答复，根据其与开发商签订的前期物业服务合同，其中明确约定了物业公司管理出租停车位，收取停车费，费用用于物业管理、小区维修等。

面对物业公司拒绝返还停车位的强硬态度，有的业主向法院起诉，要求解除前期物业服务合同，返还停车位。法院认定这属于全体小区业主的权利，单个业主作为原告资格不适格，裁定驳回起诉。

（三）成立业委会

单个业主起诉被法院驳回，并未平息矛盾，反倒加剧了局势的紧张，业主聚集起来游行上访，物业公司针对业主采取断水、

房不胜防

断电等报复手段，双方甚至发生了流血冲突，各有人员住院。问题未解决，且局势恶化，业主商量后，决定集资聘用律师，用法律维权。

业主代表找到笔者，笔者听完讲述，给业主代表做了如下的分析。第一，针对解聘物业公司、返还停车位等问题，单个业主的起诉存在原告资格不适格问题。上述权利行使主体应当是全体小区业主，为了权利便于行使，小区应当成立业委会，做出业主大会决议，以业委会作为原告起诉，则原告资格不会存在问题。从长远来看，后期小区的自治，也必须通过业委会实现，所以成立业委会是关键的一步。第二，既然前期物业合同已经到期，现在业主和物业公司构成事实服务合同，那么成立业委会，做出业主大会决议，便可向物业公司发解除通知，从而解聘前期物业公司，选聘新物业公司。第三，针对停车位返还问题，不能一概而论，必须进行调查，查明地上停车位的性质，是否属于业主共有，物业公司是否有权占有等，方能认定。

随后，业主们突破重重阻力，召开了业主大会，选举成立了业委会，并做出业主大会决议，解聘前期物业公司，重新选聘物业公司，同时，授权业委会采用包括诉讼等方式维护业主权益。

（四）赶走物业公司

业委会将解除合同通知书送达前期物业公司，前期物业公司表示不承认业委会资格，拒不撤离小区。前期物业公司不撤离，新物业公司又进不来，现在的情况是进退两难。

笔者建议如下。第一，现在业委会已成立，业主大会也已做出决议，业委会作为原告资格没有问题，可以直接提起诉讼。第二，业主大会已做出解除事实服务合同决议，业委会也已向前期物业公司送达通知，前期物业公司拒不撤离没有依据，业委会可以直接提起民事诉讼，要求确认合同解除，判令前期物业公司撤离。第三，除了直接提起民事诉讼外，还可以依据相关法律，申请有关政府部门对前期物业公司的违法行为进行查处，如政府不履行职责，则提起行政诉讼，通过政府给前期物业公司施压，令其撤离。第四，直接对前期物业公司提起民事诉讼，可以有个明确的结果，但一审、二审程序的时间较长，并且最终即使胜诉，前期物业公司拒不撤离，后期也面临执行难的问题。申请政府对前期物业公司进行查处，可能没有一个直接且明确的结果，如政府不作为，也需要两个月期限方能提起行政诉讼，但该方案的好处在于，政府可能在收到申请后，短时间内便进行调查查处，事情很快可以得到解决，由于有政府介入，也比较容易执行。综上建议，可以先行申请有关政府部门对前期物业公司违法行为进行查处，申请政府介入，同时着手准备民事诉讼。

业委会根据笔者建议，先向有关政府部门提出了申请，申请政府依法对前期物业公司拒不撤离小区、拒不返还停车位的违法行为进行查处，有了上次流血事件的前车之鉴以及可能面临行政诉讼的风险，政府在收到申请后，便积极介入处理。前期物业公司主张业委会成立及业主大会决议存在违法行为，无权代表小区业主提出解除合同，停车位不属于业主共有，停车位属于开发商所有，前期物业公司根据与开发商签订的物业服务合同，有权经营停车位，并收取停车费，用于小区管理。

经过调查，认定业委会已经在政府部门备案，主体合法。且前期物业服务合同已经到期，业主大会也已做出决议，解除前期物业服务合同，选聘新的物业公司，前期物业公司应当撤离小区。关于停车位的问题情况复杂，建议双方走司法途径解决。

最终在政府强势干预下，除了停车位，前期物业公司与业委会解除了物业服务合同，前期物业公司撤离小区。

（五）夺回停车位

通过政府介入，前期物业公司被迫搬离小区，但停车位还被其控制着，由于年代已久，开发商早已撤场，且已无法找到，所以关于停车位只能通过民事诉讼与前期物业公司解决。在此期间，业委会也对停车位进行了调查取证，300多个车位中，有200多个规划车位在规划中是占用公用用地的公共配套设施，另外前期物业公司私自开辟的100多个车位也是占用小区公共道路、绿地等建设的。

业委会提起诉讼要求前期物业公司返还停车位及收取的停车费。前期物业公司抗辩停车位不属于业主共有，其是基于与开发商签订的前期物业服务合同，经营停车位，所获取收益也已用于小区物业管理，并没有剩余。

笔者主张如下。第一，现在双方之间的物业服务合同已经解除，前期物业公司无权依据前期与开发商签订的合同占有停车位。第二，300多个停车位中，有200多个规划停车位，在规划中是占用公用用地的公共配套设施，其余100多个私自开辟的停车位，也是占用小区公共道路、绿地等，所以300多个停车位及收益应当属于业主共有。第三，前期物业公司主张停车费用于物业管理，并未提供任何证据，在小区服务期间，前期物业公司也从未公开任何物业收支明细。

法院最后认定，现在前期物业服务合同已经解除，300多个车位属于占用公用用地的小区公共配套设施或占用小区公共道路、其他场合所建，属于业主共有，前期物业公司与开发商之间的前期物业合同也已终止，前期物业公司无权占有停车位，应当返还业委会。关于停车位收益，对于200多个规划并且在前期物业合同中已经约定的车位，前期物业公司根据前期物业合同约定有权获取上述停车位收益，无须返还业委会。对于另外100多个前期物业公司私自开辟的停车位，前期物业公司没有依据获取上述车位收益，前期物业公司应当扣除必要的车位管理费后，将剩余收益返还给业委会。

一审判决后，双方均未上诉。小区业主终于赶走了前期物业公司，夺回了停车位，并聘用了新的物业公司。在业委会的治理下，小区各方面都得到了改善。

办 案 解 析

（一）成立业委会

虽然法律上规定小区业主才是小区的主人，对于公用设施的使用、物业公司选的聘拥有决定权，但如果小区未成立业委会来代表业主行使权利，则权利就变成了纸上的权利，很难行使有效，很难对抗作为组织存在的物业公司，即使单个业主甚至多个业主联合起来进行诉讼，也经常被法院以原告资格不适格为由驳回。

为了将纸上的权利变为现实的权利，业主们必须成立自己的组织，以此来行使权利，对抗物业公司，因此，召开业主大会，成立业委会，是小区业主首先要解决的问题。业委会成立后，小区业主就有了自己的组织，业委会便可以代表小区业主行使自己的权利，能够更有效地维权。

（二）小区停车位

除了房屋本身之外，整个小区对于业主而言最有价值的便是小区停车位，随着业主自有车辆增加，对小区停车位的需求也越来越大，但由于法律对停车位归属并未像房屋一样有明确的产权登记，导致业主与开发商、物业公司之间经常发生纠纷。

对于停车位归属的法律规定，主要见之于物权法。物权法规定，在建筑区划内，规划停车位的归属由当事人以出售、出租等方式约定，占用业主公共道路或场所的停车位属于业主共有。物权法将停车位分为规划内和规划外，占用业主公共场所和未占用业主公共场所，而实际中停车位并非简单如物权法所分，面对复杂情况，不同法院有不同的认定。

对于地上停车位，无论是在规划内还是规划外，业主只要证明其占用公共用地，属于公用设施，法院一般就会认定其属于业主共有，如本案中的情况。但因为地上车位不具有独立的构造形式，一般无法办理产权登记。

对于地下停车位，则要复杂得多，地下停车位有一部分属于人防车位，关于人防车位在法律上没未有明确的规定。有的认为人防车位属于国家所有，开发商和业主均没有所有权，由人防办公室委托开发商进行管理使用。有的认为人防车位属于投资建设小区的开发商所有，日常由开发商管理使用，只不过在特殊时期，国家可以无偿征用。由于人防车位一般不算入公摊面积，所以一般不认为属于业主共有。对于地下非人防车位，有的地方可以进行产权登记，有的不能进行产权登记，能够进行产权登记的，按照产权登记确定所有权人，无法进行产权登记的，则要根据规划和是否分摊公摊面积进行综合判断，如果业主未能提供足够证据证明车位计入公摊面积，则法院一般会根据谁建设谁所有原则，认定归开发商所有。

法院对于停车位的认定主要从是否办理产权登记、是否属于人防工程、地上还是地下、规划内还是规划外、是否占用公共用地、是否属于公用设施性质、是否算入公摊面积、是否在合同中约定等角度考虑。业主主张停车位归其所有，应当从上述角度去主张，调取停车位的产权登记、规划用途、面积测绘等证据来证明自己的主张。

（三）业主维权诉讼策略

随着小区业主维权意识的增强，小区业主与开发商、物业公司之间的纠纷越来越多。作为一个新兴的法律服务领域，承办此类案件，不能完全照搬传统的民商事诉讼路径，它涉及不同的主体，不同的法律关系，相互交叉影响，一环扣一环，所以必须用多元化的路径、长远的思维来设计方案。

如本案中，为了实现最终目标，从召开业主大会、成立业委会、赶走物业公司到最终夺回停车位，一环扣着一环，须步步为营，由于篇幅所限，笔者对过程进行了简写，实际中则要复杂得多，仅成立业委会，就阻力重重。

此外，在本案中，面临如何赶走物业公司的难题，除了常规的业委会和物业公司进行民事诉讼的途径之外，笔者根据此类案件的特殊性，从时间、执行等方面考虑，最终采用申请有关政府部门介入的方式。从实际效果来看，正是有了政府部门的强势介入，物业公司才被迫在短时间内撤离。

随着社会的发展，小区业主自治将成为趋势，业主与物业公司的关系也将发生变化，回归到谁的家谁做主的正常关系。对业主而言，将提高业主参与小区管理的积极性，对物业公司而言，必须提供更好的物业服务，否则随时可能被解聘。小区的建设会因此更美好。

法条链接

《中华人民共和国物权法》

第七十三条　建筑区划内的道路，属于业主共有，但属于城镇公共道路的除外。建筑区划内的绿地，属于业主共有，但属于城镇公共绿地或者明示属于个人的除外。建筑区划内的其他公共场所、公用设施和物业服务用房，属于业主共有。

第七十四条　建筑区划内，规划用于停放汽车的车位、车库应当首先满足业主的需要。

建筑区划内，规划用于停放汽车的车位、车库的归属，由当事人通过出售、附赠或者出租等方式约定。

占用业主共有的道路或者其他场地用于停放汽车的车位，属于业主共有。

第七十五条　业主可以设立业主大会，选举业主委员会。

地方人民政府有关部门应当对设立业主大会和选举业主委员会给予指导和协助。

　　　　　　　　　　　　　　　　　房不胜防

第八十一条　业主可以自行管理建筑物及其附属设施，也可以委托物业服务企业或者其他管理人管理。

对建设单位聘请的物业服务企业或者其他管理人，业主有权依法更换。

《最高人民法院关于审理建筑物区分所有权纠纷案件具体应用法律若干问题的解释》

第六条　建筑区划内在规划用于停放汽车的车位之外，占用业主共有道路或者其他场地增设的车位，应当认定为物权法第七十四条第三款所称的车位。

《物业管理条例》

第五条　国务院建设行政主管部门负责全国物业管理活动的监督管理工作。

县级以上地方人民政府房地产行政主管部门负责本行政区域内物业管理活动的监督管理工作。

奇幻漂流
——一场商品房买卖

编前

对于普通百姓而言，房屋交易可谓是一生中能够接触到的最复杂的买卖，经过预售、网签、贷款、交付、过户等环节，短则半年，长则数年，如果任一环节出现纠纷，则更是遥遥无期。笔者下文要讲述的案件，即使从笔者作为一名房产律师的角度而言，也是一场奇幻漂流，经历了合同无效、房屋不存在、补缴出让金等过程，历经十几年，可谓是悲喜交加的人生。

办案回眸

（一）人才别墅

工程师岳先生打算换工作，一家教育公司看上了岳先生的经历，打算聘用岳先生作为一所即将成立的学校的老师，除了给岳先生提供高薪之外，还表示岳先生可以职工身份，签订职工购房合同，以优惠的价格购买学校建设的人才别墅。双方一拍即合，

房不胜防

2004 年，岳先生与学校筹备处签订了职工购房合同，购买 08 号人才别墅，面积 400 多平方米，房屋价格 120 万元。

职工购房合同签订后，岳先生按照合同约定交付首付款 50 万元，学校筹备处经民政局批准成立学校，但学校并未开展教学工作，岳先生也未与学校签订劳动合同，所以未实际入职。岳先生心想，虽然并未入职，但购房合同还是有效的，此时房屋价格也开始上涨，期盼着能早日入住房屋。

（二）合同无效

2009 年，房屋建好，岳先生心想终于可以入住了，但左等右等，一直未等到房屋交付，最终等到的却是一张法院传票。原来，学校已经将岳先生起诉，以岳先生并未取得高级工程师职称为由，诉岳先生存在欺诈行为，双方存在重大误解，要求撤销合同。

岳先生认为这明显是学校的恶意诉讼，的确，依据合同约定，岳先生是以高级工程师的身份购买房屋，但签合同时，学校已清楚知道岳先生并非高级工程师，并表示这是格式合同，所以就没有修改这一条款，并且在合同中明确约定，学校已经审核岳先生的职称，符合购房资格。岳先生心想，对于学校这种恶意诉讼，一定会被法院驳回，自己稳操胜券，也就未聘用律师，独自应诉。

法院最终判决也如岳先生所料，驳回学校的诉讼请求，岳先生当时并未注意到，虽然法院判决驳回学校的诉讼请求，但在判决中，法院认为双方签订的职工购房合同，实质上是学校将尚未建成的房屋向社会出售的行为，构成了商品房买卖关系，在签订合同时，学校并未办理商品房预售许可证，违反了法律强制性规定，所以合同无效，学校认为属于可撤销合同主张不能成立，予以驳回。

一审判决后，双方均未上诉，判决生效。岳先生认为学校要求撤销合同的请求被驳回，那么合同应该继续履行，于是要求学校履行合同。而学校答复，虽然撤销的请求被法院驳回，但法院已认定合同无效，合同根本不用继续履行。此时，岳先生才意识到问题的严重性，法院避重就轻，认定了合同无效，所以这合同根本无法履行。

（三）发回重审

意识到问的题严重性时，此时上诉期已过，不知道下一步该怎么办的岳先生找到笔者，希望能够找到挽救办法。

笔者看了材料，给岳先生分析了以下几点。第一，虽然一审判决驳回了学校要求撤销合同的请求，但在判决理由中认定合同无效，这点对岳先生十分不利。对于该不利认定，虽然现在过了上诉期，但并非没有挽救余地，可以提起再审。第二，该一审判决存在错误认定。首先，学校提出的是要求撤销合同，双方均未主张合同无效，合同也未侵害国家及第三人利益，法院却超出学校请求认定合同无效，存在不当认定。其次，合同也并未属于无效，虽在合同签订时，学校未取得商品房预售许可证，但在起诉时，房屋已经建好，可以交付，并不存在导致合同无效的情况。

随后，岳先生提起再审，中院发回重审。一审法院经过再审认定，根据合同，在签订时，学校已核实岳先生职称，并确认符合购房条件，现学校又以欺诈、重大误解主张撤销合同，并且未提供足够证据予以证明，本院不予支持，维持一审判决，原审做出的裁判结果正确，但阐述理由不当，对合同的认定超出了原告诉讼请求，再审予以纠正。再审一审后，学校提起上诉，二审予以维持。

（四）消失的房屋

学校撤销合同的请求被驳回，原一审法院关于合同无效的认定也被纠正，但学校还是拒绝履行合同，且声称08号人才别墅根本没有建设，客观上不存在，合同难以履行。面对学校拒不履行合同的强硬态度，岳先生主动提起诉讼，要求学校继续履行合同，协助过户，交付房屋。

学校抗辩因没有资金建设，合同约定的房屋所在位置的01号土地使用权证，已经被政府收回注销，01号土地使用权证上没有建设房屋，亦即08号人才别墅根本没有建设，前案件中称房屋已建好，是其代理人不了解实际情况，学校提供了01号土地使用权证早已被收回注销的证据。

房屋的消失对岳先生来说可谓是当头一棒，明明已建好的房屋竟不翼而飞，笔者劝岳先生不要着急，房屋客观存在，不是学校说不存在就真的不存在，先进行调查最重要。笔者通过现场勘查、申请信息公开、法院调查令，对项目及项目公司的工商登记、国土、规划、施工、竣工等信息进行调查。

通过对信息的分析，项目的来龙去脉渐渐清晰。在签订合同时，学校还未成立，教育公司以学校筹备处名义签订合同，实际建设单位是教育公司。房屋位于以划拨方式获取的01号土地上，而在签订合同之前，由于政府规划变更，01号土地使用权证已经被政府收回注销。随后，教育公司变更为置业公司，又以出让方式获得02号土地使用权证，用于商业开发，08号人才别墅实际是建在02号土地上，而名称也已变更为08号美好别墅。

此时，岳先生有两条诉讼路径可以选择。第一，可以主张对方存在根本性违约行为，导致合同难以履行，要求赔偿损失。第二，可以主张合同约定房屋位于01号土地上，是对方恶意为之，合同应当以房屋实际建成的地点为准，08号人才别墅实际上就是08号美好别墅，合同标的物是真实且客观存在的，合同应当继续履行。按照第一方案，目前岳先生证据足够，举证压力较小，但无法获得别墅，且获得的赔偿可能少于现别墅上涨的价格。按照第二方案，岳先生必须承担举证责任，证明08号人才别墅就是08号美好别墅，置业公司也要作为被告追加到本案中。

（五）追加被告

岳先生决定要求继续履行合同，根据调查的资料，岳先生申请将置业公司追加为本案被告，要求置业公司和学校一起履行合同。与此同时，为了证明08号人才别墅就是08号美好别墅，笔者也有针对性地调取了大量证据。

案件如期开庭，法院将案件归结为三个争议焦点：第一，合同是否有效；第二，合同是否能够继续履行；第三，两被告是否共同履行合同义务。

学校答辩，虽合同撤销未被法院支持，但法院也并未认定合同有效，合同签订时，预售许可证等未办理，合同应属无效，即使合同有效，现在因合同标的物房屋并未建成，实际上不存在，合同难以履行，合同由学校所签，与置业公司没有任何关联。

置业公司答辩，其不是合同相对方，与本案没有关联，08号美好别墅是其所建，与08号人才别墅并非同一别墅，岳先生无权主张。

笔者主张如下。第一，之前法院对于合同无效认定已予以纠正，现在房屋已建成，不存在未取得预售许可证而使合同无效的情形。第二，合同可以继续履行，原因如下。首先，在撤销合同之诉中，学校已明确表示房屋已建好且可以交付。其次，调取的08号美好别墅规划、施工、竣工等材料，与08号人才别墅图纸相符，开竣工等进程亦与合同约定相符。再次，08号人才别墅相邻的09号、10号等人才别墅，现在实际交付的也是09号、10号等美好别墅，可见08号人才别墅实际上便是08号美好别墅。最后，合同签订时，合同约定08号人才别墅就应该是08号美好别墅，只是学校、置业公司恶意将08号人才别墅写在位于早已撤销的01号土地证上，学校、置业公司应承担责任，岳先生不知情，不应承担责任。第三，学校是由教育公司投资所建，合同签订时，虽是与学校筹备处签订，但根据其他证据，学校筹备处是以教育公司代理人名义签订合同。另外，合同上约定的01号土地使用权人也是教育公司，实际的建设单位也是教育公司。随后教育公司更名为置业公司，02号土地使用权人为置业公司，置业公司应当继承教育公司的权利义务，履行合同。

从庭审情况来看，法院已倾向于岳先生，如学校、置业公司未能提供充足的证据，法院会认定08号人才别墅就是08号美好别墅，胜利在望。

（六）半路程咬金

在等待法院再次开庭期间，意外收到法院通知，有案外人曹某申请参与本案，主张对房屋享有优先购买权，作为第三人参与本案。曹某声称，其与置业公司签订美好小区施工合同，置业公司未支付施工款，按照市场价将08号美好别墅作价500万元抵给曹某，双方签订购房合同，并入住。

置业公司称上述事实属实，在前案中判决合同无效后，且在未纠正之前，08号美好别墅已出卖给曹某，且已交付，合同应当和曹某履行。原以为胜利在望，没想到半路又杀出一个程咬金，置业公司早已一房二卖，原本希望通过"消失的房屋"来阻碍合

房不胜防

同履行，此途径无望之后，便将涉诉情况告知曹某，企图通过曹某来主张优先购买权。

该面对的逃避不了，针对曹某的主张，重点是必须查明房屋是否已交付曹某，曹某提供了置业公司给其出具的交房回执的证据，岳先生必须通过其他的证据予以反驳。岳先生和笔者到现场拍照取证，申请美好小区保安及邻居出庭作证。

笔者主张如下。第一，曹某和置业公司虽是在判决合同无效期间签订的合同，但此时岳先生已提起了再审，置业公司在知道岳先生提起再审后，依然将房屋出卖给他人，明显存在恶意"一房二卖"，且双方存在恶意串通，合同应当无效。第二，置业公司因欠曹某施工款，以房抵债，而岳先生是购房合同，且签订的时间早于曹某，岳先生享有优先购买权。第三，房屋并未交付曹某，根据现场照片来看，08号美好别墅并没有装修，也没有人入住的痕迹，小区保安及邻居也出庭证明，08号美好别墅没有人入住，一直由置业公司占有，且本案诉讼中房屋已被岳先生申请查封，置业公司所谓的交付行为亦属违法。

（七）最终判决

经过多次开庭，最终法院认定如下。第一，合同签订一方为学校筹备处，但根据相关证据显示，实际建设单位及出卖人是教育公司，后教育公司更名为置业公司，合同权利义务由置业公司承担，本案合同应当由学校和置业公司共同履行。

第二，撤销合同一案中，学校承认房屋已建好，现予以否认，前后矛盾，应当以对其不利的陈述为准，结合房屋规划、施工、竣工等材料，以及相邻房屋合同和实际交付状况，认定08号人才别墅就是08号美好别墅，另外合同中约定房屋位于早已撤销的01号土地上，并未约定四至范围，岳先生已无从可知，学校、置业公司对此应承担不利后果，现08号美好别墅已经竣工，合同存在继续履行的条件。

第三，虽合同签订时，房屋并未取得预售许可证，但在本案发生时，如前所述08号美好别墅已经竣工，符合交付条件，合同合法有效。

第四，置业公司存在"一房二卖"情形，岳先生主张曹某与置业公司存在恶意串通，合同应当无效，但并未提供证据，本院不予支持。关于房屋是否交付曹某，根据相关法律，对房屋转移占有视为交付，实践中主要指交钥匙、签署收房证明等，本案中虽曹某提供了交房回执，但结合小区保安及邻居的出庭证言，房屋一直由置业公司占有使用并未交付，证明力较高，且本案诉讼中岳先生已申请本院对房屋查封，本院认定置业公司并未将房屋交付曹某。

现两份购房合同均合法有效，均未交付及办理过户手续，岳先生合同签订在前且并非以房抵债，虽然曹某和置业公司签订的合同是在法院确认合同无效期间，但随后经再审予以纠正，置业公司明知案件在再审期间，却与曹某签订合同以房抵债，明显不

房不胜防

当。曹某是以施工合同施工款为债权，购房合同仅是其抵债的一种方式，曹某仍可以主张置业公司用其他方式履行债务，其权利仍有救济的途径，岳先生享有合同优先购买权。

综上，判令岳先生购房合同继续履行，岳先生支付剩余购房款，学校、置业公司协助办理过户，并交付房屋。一审后，学校、置业公司、曹某均提起上诉，二审维持一审判决。

（八）土地出让金

判决生效后，学校、置业公司均拒绝履行，岳先生经过艰难地执行最终将房屋过户，此时已是2015年，十几年已过，岳先生心想这下总算可以安稳居住了，没想到又收到了一张传票。

原来置业公司又将岳先生起诉，诉称根据合同，08号人才别墅是位于01号土地，该土地是划拨所得，用于教育，交纳了较低的土地出让金，因此房屋价格较低。但08号美好别墅是建在02号土地，该土地是通过出让获得，交纳了很高的土地出让金，现经法院判决已按照08号美好别墅履行，但合同当初约定的房价并不包含02地块的土地出让金，按照谁受益谁承担的原则，岳先生应当承担房屋土地使用性质改变增加的土地出让金55万元。

置业公司睚眦必要，非要折腾一番，笔者主张如下。第一，当时合同约定的01号土地，并非写明是出让还是划拨土地，在合同中约定了总房款，并未约定还要另行支付土地出让金。第二，实际上合同中约定的房屋价格，也早已包含了土地出让金，置业公司不能再另行主张。第三，合同中约定房屋实际上本就位于02号土地，并非是01号土地，是置业公司恶意将房屋写成位于早已撤销的01号土地使用权证上，置业公司没有损失，且也不能因其恶意为之，而主张赔偿。

最终法院认定，合同中并未约定须另行支付土地出让金，01号土地使用权证在合同签订时已被收回注销，房屋实际亦是建在02号土地上，置业公司诉求没有事实和法律依据，予以驳回。置业公司上诉，二审维持一审判决。

办案解析

（一）商品房预售

一般，百姓接触比较多的货物交易模式是一手交钱一手交货，这种交易模式便捷有效，对于买家而言，也可以直观地查看货物。该种交易模式在商品房交易中，体现为商品房现房交易，开发商将房屋建好，购房者现场查看，签订合同后，办理交付、过户等手续。

在实际的商品房交易中，现房交易模式并不是主流，由于商品房建设所需要的资金量大、周期长，所以为了尽早将资金回笼，开发商更多的是采用预售交易模式，即在房屋未建好时，开发商便将房屋出卖给购房者。购房者在签订合同时，并不能现场查看

房不胜防

房屋，只能通过合同约定、规划图、样本房等去联想出建好的房屋，到房屋建好、交付、过户可能需要数年。

商品房预售模式，打破了一手交钱一手交货的交易模式，购房者将购房款交付后，很长时间以后才能得到房屋，而在这期间容易出现种种风险。为了降低风险，法律规定了商品房预售许可制度，即允许开发商采用预售模式，但必须满足一定条件，领取预售许可证后才可以预售，在未取得预售许可证之前，禁止进行预售。

虽然法律上明确规定了预售许可制度，但开发商为了筹集资金、加快销售，在未取得预售许可证时便违规预售，与购房者签订预售合同，如果后期发生纠纷，则会面临预售合同是否有效的问题。如本案在撤销合同一案的一审中，法院认为在双方签订合同时，开发商未取得预售许可证，违反了法律强制性规定，所以合同被认定无效。

对于该问题，最高人民法院司法解释已有明确规定，未取得预售许可证，合同并非无效，只要在起诉前取得预售许可证，合同可以认定为有效。本案中在起诉时，房屋已经建好可以交付，预售房已经转为现房，所以法院最终认定合同有效。

对于商品房预售制度的评价，褒贬不一，甚至存在开发商在取得预售许可证之后，挪用预售资金，导致楼盘烂尾，又无法退房款的情形，购房者可谓钱房两空。虽然商品房预售制度存在种种问题，但在目前阶段，取消商品房预售制度也不现实，但政府可以从完善商品房预售制度入手，进一步提高预售门槛，加强预售资金监管等，让购房者买得放心。

（二）无效合同的审查

在撤销合同纠纷一案中，最终被再审法院发回再审，主要理由是在一审中，双方当事人均认可合同有效，并未主张合同无效的情形下，法院主动审查，认定合同无效，超出了当事人的主张。

民事诉讼中有着"不告不理"原则，即当事人未提出的主张，法院不应主动去审查认定。但在实践中，对于法院能否主动审查合同效力，能否在当事人均未主张的情形下，主动认定合同无效，有着不同的观点。

依据《最高人民法院关于民事诉讼证据的若干规定》第三十五条，当当事人主张的民事行为效力与法院根据事实做出的认定不一致时，法院应当告知当事人可以变更诉讼请求，并且变更诉讼请求的时间，不受举证期限届满前的限制。从该规定可以看出，法院可以根据事实对合同无效进行认定，并且认定之后应当告知当事人可以变更诉讼请求，但如果当事人坚持不予变更，仍坚持合同有效，法院是否可以主动认定合同无效，目前法律并没有明确规定。

目前，主流观点认为，法院在告知当事人变更诉讼请求后，当事人还是坚持不予变更的，法院应当直接驳回当事人的请求，而不能直接去对合同无效进行认定。但当无效合同损害了国家、社会、集体及他人利益，又没有其他主体提出确认合同无效的时候，此时，法院可以超出当事人的诉讼请求，直接认定合同无效。

（三）房屋交付的判断

本案中，开发商构成一房二卖，在合同均被法院认定有效，且均未过户履行完毕的情形下，房屋是否交付，成为法院审查的重点。房屋交付不仅在一房二卖中是重要因素，在风险转移、物业费计算中都是重要的参考依据。

房屋要实现交付，首先要满足交付的条件，开发商也只有在满足房屋交付的条件后，方能向购房者交付。房屋交付的前提条件主要分为以下几个观点，取得竣工验收、备案验收、综合验收。竣工验收主要指开发商组织勘察、监理、施工、设计等单位，形成确认竣工验收合格的文件。备案验收，是指开发商组织各方形成确认竣工验收合格的文件后，在有关政府部门予以备案，取得竣工验收备案表。综合验收，是指对住宅小区，开发商在取得房屋竣工验收备案表后，还要对有关的配套设施、公共设施、物业管理等进行验收。在没有其他约定的情况下，主流观点认为开发商只要经过备案验收，便可以交付使用。

在符合交付条件的情况下，什么情况可以视为开发商将房屋交付，最高人民法院司法解释规定，在未约定的情况下，对房屋的转移占有视为房屋的交付使用。在实践中转移占有一般体现为交钥匙、签订收房单等形式。具体到个案中，法官根据不同的案情，会有不同的认定，如本案中曹某虽然提供了签订的收房回执，但法院结合案情，最终还是不予认定。

（四）法律外的知识

一桩简单的房屋买卖，却历经十几年，可谓闯过一关又一关，其中除了涉及法律问题外，更涉及了房地产开发知识，作为律师，如果仅局限于法律领域，没有对案件本身所处行业知识的了解，是很难全面把控整个案件的。如在本案中，开发商主张房屋没有建成，并且根据合同约定的房屋所在的01号土地使用权证也的确被收回注销，如果不能从其他途径去证明房屋客观存在，则可能会被法院认定房屋不存在。笔者针对房屋建设的流程，调取了国土、规划、施工、竣工等相关材料，从中提取了相关证据，证明08号人才别墅就是08号美好别墅，最终得到了法官的认定。

在开发商提起的土地出让金诉讼中，如果没有对土地出让金的性质、构成，以及整个房地产开发流程的熟悉，也很难有针对性地提出有效的抗辩。可见，作为法律服务者，不能局限于法律领域，应该了解案件所处行业知识，知己知彼，方能百战不殆。

房不胜防

历经几十年，一场奇幻漂流终于结束，然而对精疲力竭的岳先生而言，并没有结束。置业公司在经历一系列诉讼的失败后，开始在岳先生的生活中设置各种障碍，阻碍岳先生装修房屋，水电不予接入网，经常有人砸玻璃。不堪其扰的岳先生，已打算低价甩卖房屋，房屋是用来住的，总不能为了房屋把生活搭进去。

法 条 链 接

《最高人民法院关于审理商品房买卖合同纠纷案件适用法律若干问题的解释》

第二条 出卖人未取得商品房预售许可证明，与买受人订立的商品房预售合同，应当认定无效，但是在起诉前取得商品房预售许可证明的，可以认定有效。

第十一条 对房屋的转移占有，视为房屋的交付使用，但当事人另有约定的除外。

房屋毁损、灭失的风险，在交付使用前由出卖人承担，交付使用后由买受人承担；买受人接到出卖人的书面交房通知，无正当理由拒绝接收的，房屋毁损、灭失的风险自书面交房通知确定的交付使用之日起由买受人承担，但法律另有规定或者当事人另有约定的除外。

《中华人民共和国城市房地产管理法》

第四十五条 商品房预售，应当符合下列条件：

（一）已交付全部土地使用权出让金，取得土地使用权证书；

（二）持有建设工程规划许可证；

（三）按提供预售的商品房计算，投入开发建设的资金达到工程建设总投资的百分之二十五以上，并已经确定施工进度和竣工交付日期；

（四）向县级以上人民政府房产管理部门办理预售登记，取得商品房预售许可证明。

商品房预售人应当按照国家有关规定将预售合同报县级以上人民政府房产管理部门和土地管理部门登记备案。

商品房预售所得款项，必须用于有关的工程建设。

《最高人民法院关于民事诉讼证据的若干规定》

第三十五条 诉讼过程中，当事人主张的法律关系的性质或者民事行为的效力与人民法院根据案件事实做出的认定不一致的，不受本规定第三十四条规定的限制，人民法院应当告知当事人可以变更诉讼请求。

当事人变更诉讼请求的，人民法院应当重新指定举证期限。

房不胜防

半路程咬金
——真假优先购买权

<blockquote>
编前 在购房的过程中，如果房价没有较大的波动，合同履行的过程中一般不会出现什么问题，但当房价大起大落时，合同的履行过程会处处掣肘，种种争议也会浮出水面。下文笔者要讲述的案件，便是在合同正常履行的过程中，房屋因学区房的调整，其房价突然上涨，合同的履行过程也很不顺利，半路杀出了一个程咬金。
</blockquote>

办案回眸

（一）风平浪静

经过几轮看房，程先生看上李某的房屋。7 月 15 日，在中介经纪人的陪同下，双方现场查看了房屋，房屋此时已出租给他人居住，李某表示承租人已放弃优先购买权，9 月 20 日租期结束。在现场看房的时候，屋内居住的承租人也表示已放弃优先购买权，并且快要搬走了。

程先生对屋内格局很满意，承租人也已表示放弃优先购买权，所以看房当天就和李某签订了合同，房屋总价 300 万元，当天支付了定金 20 万元。合同签订后，双方按照合同办理了房屋核验、购房资格核验，双方等着到 8 月 10 日办理网签。

（二）学区房变动

在等待网签的过程中，8 月 3 日，教委宣布了学区划分调整，房屋所在小区由普通学区，划分为重点学区。此消息发布后，整个小区房屋的价格一夜之间上涨了 20% 左右，整个小区看房的人络绎不绝。

程先生得知该消息后，觉得喜从天降，原本以为孩子只能上个普通学校，没有想到可以直接上重点学校。不过，欣喜过后，程先生隐约有一点担忧，如今房价涨的这么高，不知李某是否会变卦。

8 月 4 日，程先生接到李某电话，李某表示现在房屋价格至少上涨了 60 万元，因此要求加价 40 万元。程先生则表示最多可以加价 10 万元，最终双方不欢而散，李某也没有按照约定前来网签。

经过程先生与中介公司的催告，李某仍然拒绝履行合同，于是程先生提起诉讼，要求李某继续履行合同。案件事实清楚，李某违约证据确凿，程先生也有全款支付能力，法院判令合同继续履行的可能性很大。

房 不 胜 防

（三）半路程咬金

正在程先生期盼早日开庭，以便可以尽早判决的时候，程先生接到法院通知，房屋承租人蔡某申请追加为本案第三人，要求驳回程先生的诉求，主张自己享有优先购买权，法院同意将其作为第三人，参与本案诉讼。

程先生认为这是李某和蔡某恶意为之。当初在看房时，蔡某已明确表示放弃优先购买权，李某也表示承租人已放弃优先购买权。现在因程先生未满足李某的房价上涨要求，所以李某与蔡某相互串通，恶意阻挠合同履行。

蔡某为了证明其主张，提供了租赁合同、购房合同、相关转账凭证等。证据显示双方在 7 月 25 日签订了合同，约定总房价330 万元，当天现金支付定金 2 万元，8 月 6 日银行转账支付首付款 80 万元，并声称其从未放弃过优先购买权。

看了蔡某提供的证据，笔者发现案情并不像程先生说得这么简单。虽然实际情况很可能是在 8 月 3 日房屋成为重点学区房之后，李某要求涨价被程先生拒绝，李某才与蔡某商量签订的合同。合同价款约定高于和程先生约定的价款，并将合同签订时间提前到 7 月 25 日，这样就符合 15 天内行使优先购买权，定金 2 万元以现金支付，也就不需要提供当天的银行转账记录。8 月 6 日实际银行转账支付首付款 80 万元，以此证明真实交易存在且合同的履行程度更进一步。经过如此布局，至少从表面上来看，李某与蔡某的交易是真实存在且符合优先购买权的。而对于程先生而言，要突破的重点就是证明当初在看房时，屋内的承租人表示已放弃优先购买权。

（四）陌生的承租人

程先生申请中介经纪人出庭，经纪人证明在 7 月 15 日看房时，屋内的居住人明确表示已放弃优先购买权，但当时屋内的人并不是蔡某。蔡某也表示，当天屋内的人并不是自己，是其母亲开的门，而其母亲也并未表示过放弃优先购买权。自己在得知李某将要出卖房屋后，也在第一时间向李某表示要购买房屋。李某表示，蔡某及其家人并未表示过放弃优先购买权，只是自己单方面对程先生表示承租人已经放弃优先购买权。

至此，整个局势对程先生越来越不利，程先生一方只能背水一战。笔者主张如下。第一，结合整个事情发展的经过可以明显看出，李某和蔡某签订合同属于恶意串通。在学区房变更，房价大幅上涨之后，李某要求涨价而未得到满足的情况下，李某与蔡某后补签订合同，利用优先购买权来阻碍程先生的合同履行。第二，在第一次看房时，虽是蔡某的母亲表示放弃优先购买权，但结合具体情形，也应当视为蔡某放弃优先购买权，李某也在合同中表示承租人已放弃优先购买权。第三，程先生的合同签订时间比蔡某早，可以随时全款支付剩余房款，且房屋核验、购房资格环节均已通过，合同的履行程度比蔡某更深一步，应当优先履行

房不胜防

程先生的合同。

（五）丢失的房屋

经过漫长的等待，最终法院认定程先生并未提供足够证据证明李某和蔡某恶意串通，故程先生和蔡某分别与李某签订的合同均合法有效。程先生提供的中介经纪人的证言，并非蔡某本人表示放弃优先购买权，且蔡某的母亲亦提出未表示过放弃优先购买权，在合同中李某表示承租人已放弃优先购买权，这并不能证明蔡某放弃优先购买权。在蔡某和李某存在租赁关系的前提下，蔡某在得知房屋出售的15日内，行使了优先购买权，且房款较多并已支付部分房款，同时也实际占有房屋。程先生与李某的合同虽签订时间较早，但并未网签及过户，李某与蔡某的合同应当优先履行，程先生可以另行主张权利。

一审后，程先生提起上诉，二审予以维持。程先生开始准备后续的解除合同以及要求赔偿之诉。

办 案 解 析

（一）优先购买权

承租人优先购买权是指出租人出卖租赁房屋时，除了出卖给房屋共有权人、近亲属等特殊情形外，应当在合理期限内通知承租人，承租人享有以同等条件优先购买的权利，承租人在收到通知后 15 日内，未明确表示购买的，优先购买权丧失。

承租人优先购买权是法律对于承租人权益的保障。在二手房交易的过程中，出卖人和买受人都应当对承租人的优先购买权予以足够的重视，稍不留意，承租人优先购买权就成了埋在交易过程中的一个炸弹，将导致整个交易的失败。

出卖人如未在合理期限内通知承租人行使优先购买权，后期可能面临承租人要求赔偿的风险。买受人如未取得承租人放弃优先购买权的承诺，后期也可能面临承租人主张优先购买权，特别是在出卖人和承租人配合的情况下，买受人更难对抗承租人，如本案中程先生无法继续履行合同。

为了避免上述情形的发生，出卖人要将出租的房屋出卖时，一定要提前通知承租人，告知其可以行使优先购买权。买受人购买已出租的房屋时，除了出卖人承诺出租人已放弃优先购买权之外，还必须查看房屋租赁合同，明确承租人，并取得承租人已放弃优先购买权的承诺。

（二）证据的重要性

本案的结果对于程先生来说可谓是无奈，纵观整个案件的来龙去脉，客观事实应当是李某和蔡某双方串通补签的合同，利用优先购买权来阻碍程先生合同的履行。在判决后，判后答疑的过程中，法官也表示相信这应该是客观事实，但该客观事实缺乏证

房不胜防

据的支持，很难被认定为法律事实，而李某与蔡某签订合同的过程有证据的支持，法院才予以认定。

从本案可以看出，如果客观事实没有证据的支持，就无法构成法律事实，法律很难予以支持。

（三）学区房

学区房并非法律上对于房屋的一种分类，其主要是指房屋位于某学校划片范围内，只有拥有该划片范围内的房屋才能拥有在该学校上学的资格，房屋成为入学的一张通行证。房产交易很多是为了购买学区房，而学区房的价格相比非学区房要高很多，特别是一些重点学区房，价格更是遥遥领先其他房屋。本案的情况是在交易过程中，房屋被划为重点学区房，导致房屋价格一夜之间飙升，因此引发了纠纷。

学区房也涉及户口问题，有的即使完成了房屋过户，但如果出卖人户口不迁出，买受人的户口就迁不进来，仍然面临难以上学的问题，而法院不能强制将出卖人的户口迁出，这就需要在合同中将户口迁出责任约定好，加大违约责任。

在不同的地方对于学区房的规定不同，有的地方学区房有年限限制，即使过户完，户口迁进来，但如果该学区房名额已被占，则在限制年限内该名额不能使用，这就需要买受人在购房之前将学区房名额情况向有关部门查询清楚，以防买了房子，依然无法上学。另外，学区房划片也不是保持不变的，经常根据相关政策予以调整，这一点也是需要买受人特别注意的。

> 二审判决后，程先生和律师感到很灰心，明明是对方
> 恶意串通，但是却很难找到直接的证据予以证明。建
> 议购房人以后在购房过程中，对于承租人要特别关注，
> 一定要亲眼见到承租人当面且以书面的方式放弃优先
> 购买权，否则，购房人所购买的房屋就存在风险。

编
后

法条链接

《中华人民共和国合同法》

第二百三十条　出租人出卖租赁房屋的，应当在出卖之前的合理期限内通知承租人，承租人享有以同等条件优先购买的权利。

《最高人民法院关于审理城镇房屋租赁合同纠纷案件具体应用法律若干问题的解释》

第二十四条　具有下列情形之一，承租人主张优先购买房屋的，人民法院不予支持：

（一）房屋共有人行使优先购买权的；

（二）出租人将房屋出卖给近亲属，包括配偶、父母、子女、兄弟姐妹、祖父母、外祖父母、孙子女、外孙子女的；

（三）出租人履行通知义务后，承租人在十五日内未明确表示购买的；

房不胜防

（四）第三人善意购买租赁房屋并已经办理登记手续的。

《最高人民法院关于适用〈中华人民共和国民事诉讼法〉的解释》

第九十条　当事人对自己提出的诉讼请求所依据的事实或者反驳对方诉讼请求所依据的事实，应当提供证据加以证明，但法律另有规定的除外。

在做出判决前，当事人未能提供证据或者证据不足以证明其事实主张的，由负有举证证明责任的当事人承担不利的后果。

程序还是结果？
——业主撤销业主大会决议

> 随着社会的发展，有越来越多的小区召开业主大会，
> 选举业委会，实行小区自治。对于如同"一盘散沙"
> 的业主，成立业委会，就算有了自己的组织，能更好
> 地实现与物业公司、开发商打交道，维护自己的权益。
> 但如果没有有效的监督来制约，业委会本身的运行也
> 存在种种问题，如果不能维护业主权益，而成为业委
> 会成员谋权谋利的工具，那么对业主而言便是引狼
> 入室。

编前

办 案 回 眸

（一）成立业委会

随着小区业主陆续入住，小区渐渐有了生机，小区不大，总
计 220 户，业主们也慢慢熟悉起来。此时，业主张某开始在小区
活跃起来，走家串户，组建微信群，号召大家召开业主大会，成

房 不 胜 防

立业委会，实现小区自治。张某还表示成立业委会的具体工作由其免费提供服务，只要大家支持其工作就行。

经过张某的宣传，业主们均认为有个组织肯定比没有好，自己也不用出力，于是纷纷表示支持张某召开业主大会，并成立业委会。在业主们的支持下，张某又找了几个热心业主，开始积极操办起来。组织大家签字，向街道办提交申请，成立筹备组，起草议事规则、管理规约，发放选票，召开首次业主大会并通过议事规则、管理规约，同时，选举出以张某为核心的 5 名业委会成员，张某也被推举为业委会主任，业委会在街道办也已备案。

（二）原形毕露

业委会终于成立，业主们心想终于有个组织能代表自己行使权利，但业主们发现张某并未将工作重心放在业主们反映的诉求上，反倒对更换物业公司非常热心，还鼓动业主更换物业公司，引进自己推荐的新物业公司。

此时的物业公司还是前期物业公司，虽然前期物业合同已到期，但物业公司依然在服务，构成事实服务合同。该物业公司并非十全十美，但也并非完全如张某所言一无是处，许多业主不同意更换物业公司。有的业主对张某推荐的物业公司进行调查，发现该物业公司的资质还不如现在的物业公司，张某不遗余力地要更换物业公司，其中必有不可告人的秘密。联想到之前张某积极成立业委会，可能是张某早已开始下的一盘棋，成立业委会，自己当主任，引进与自己有关的物业公司，控制小区，并以此牟利。

（三）擅自做决议

张某提出更换物业公司的提议，并未获得业主们的支持，甚至部分业主开始质疑张某的提议，要求罢免张某的主任一职。面对已激化的矛盾，张某没有积极化解矛盾，而是利用自己握着业委会公章的权力擅自给公告盖章，公告业委会已做出决议，更换物业公司。

部分业主决定运用法律维护自己的权益，故找到笔者咨询，笔者看了业主提供的材料后做出如下分析。第一，根据小区议事规则，更换物业公司这一事项应当由全体业主召开业主大会进行表决，面积和人数双双过半才行，张某无权以业委会名义做出更换物业公司的决议。第二，针对张某违反议事规则做出更换物业公司的决议，业主可以直接向法院起诉，要求撤销该决议，也可以向街道办反映，要求街道办进行查处。第三，要想从根本上解决问题，可以根据议事规则，申请召开临时业主大会，罢免张某，改选业委会。

向笔者咨询的业主决定先向街道办反映情况，如果没有结果再进行起诉，同时准备申请召开临时业主大会，罢免张某。在街道办的干预下，张某撤销了业委会做出的更换物业公司的决议。

（四）遗漏的表决票

原以为更换物业公司决议被撤销后，张某会知难而退，没想

房不胜防

到张某开始按照议事规则要求召开业主大会，企图通过业主大会决议来更换物业公司。业委会开始张贴公告，发放表决票，最后业委会召集了一些"热心"的业主进行现场验票。部分业主反映的根本未收到表决票、要求监督验票等要求，均被业委会拒绝。最终，业委会宣布共计发放表决票220张，回收表决票210张，其中赞成票180张，反对票25张，无效票5张，赞成票人数占比81%，面积占比78%，双双过半，更换物业公司的决议予以通过。

面对业主大会的表决结果，许多业主提出质疑，表示根本未收到表决票，更谈不上投票表决。部分业主将情况向街道办反映，街道办表示业委会是按照议事规则召开业主大会并进行表决，如对表决结果有异议，可以通过法律途径解决，街道办不宜干涉。而此时，业委会已与新物业公司签订了合同，并在物业办备案，要求前期物业公司撤场。

局势千钧一发，笔者建议如下。第一，针对将物业合同在物业办备案的行为，实践中倾向认为这不属于行政许可行为，业主很难起诉要求物业办撤销备案。即使法院受理，也认为备案仅仅是一种形式审查，只要物业公司提供与业委会签订的物业合同和物业公司资质证明等文件，备案就是合法的，很难被撤销。要撤销备案，前提是撤销合同，而如要撤销合同，则必须撤销业主大会做出的决议。第二，业主大会做出的决议程序严重存在问题，须召集未收到表决票的业主提起业主撤销权之诉，要求撤销业主大会决议。第三，向业委会、新物业公司、物业办、街道办等发函，通知其现部分业主已提起业主撤销权之诉，要求暂停物业公司的更换。第四，与前期物业公司沟通，希望其能多坚持一段时间，等待诉讼结果。

（五）业主撤销权之诉

随后，共计30名业主一起提起了诉讼，主张业主大会做出决议的程序违法，未向业主送达表决票，剥夺业主表决权，要求撤销业主大会决议。业委会主张业主无权要求查票，业主大会已按照议事规则进行，赞成票也已双双过半，新签订的物业合同也已在物业办备案，业主大会决议合法有效。

笔者主张如下。第一，业委会应当承担举证责任，将表决票发放、回收、统计的过程举证证明。即使业委会不能将所有业主表决票予以举证，但起诉的30名业主并未收到表决票，业委会至少应当举证证明已将表决票送达这30名业主，如不能举证证明，业委会应承担不利后果。第二，依据议事规则召开业主大会，业委会应该提前十天将表决票送达每名业主，投不投票是业主的权利，但业委会应当将表决票送达业主，否则业主大会决议程序违法。第三，依据议事规则，赞成票双双过半即通过，但前提是业委会已将表决票送达每一名业主。按照业委会主张，只要结果双双过半即通过，所以业委会只要将表决票送达并取得51%的业主赞成即可，根本不需要将表决票送达剩下49%的业主，这明显剥夺了部分业主的投票权，程序违法。第四，除了未将表决票送达业主之外，业委会在整个表决过程中，也存在未按照议事规则将有关事宜进行公告，未允许业主对现场验票行为进行监督等行为。第五，物业合同备案仅仅是政府对物业管理的一种行为，并不等于政府对业主大会决议的认可，且业主大会决议是否有效由法院进行审查。

（六）忽视的程序

经过漫长的等待，法院做出判决，认定物业合同备案仅仅是政府的一种行政管理行为，并不表明业主大会决议合法，业主认为业主大会决议侵害了其权益，依然可以向法院提起诉讼，业主只能针对自己的表决票要求业委会进行举证，不能要求业委会对所有业主表决票进行举证。本案中 30 名起诉业主称未收到表决票，业委会应当就是否将表决票送达 30 名业主承担举证责任，业委会并未提供证据予以证明，本院认定业委会未将表决票送达 30 名业主。但即使将该 30 名业主从 180 票的赞成票中排除，最终赞成票按 150 票计算，人数和面积也已双双过半，符合议事规则。另外，在投票过程中存在某些通知未按照议事规则按时公告等，存在一定瑕疵，但并不影响最终结果，业主大会决议合法有效。

30 名业主提起了上诉，二审法院予以维持，前期物业公司被迫撤离，新物业公司入驻。部分业主提出召开临时业主大会并更换业委会的提议。

办案解析

（一）业主撤销之诉

业主撤销权之诉是指根据《中华人民共和国物权法》等规定，业主大会或业委会做出的决议对业主具有约束力，而业主认为业主大会或业委会做出的决议侵害其合法权益的，业主也可以要求法院予以撤销，给予业主救济的途径，撤销权的行使要在业主知道决议后的一年内行使。

对于业主撤销权之诉，原告主体只要是业主便可以提起，其被告主体，如果是业委会做出的决议，被告主体是业委会，如果是业主大会做出的决议，在实践中各地有不同的规定。有的直接将业主大会作为被告，有的则将业委会作为被告，但无论是业主大会还是业委会作为被告，出庭应诉负责人都应是业委会主任。

业主撤销权之诉是近几年高发的诉讼，它不完全等同于传统的民事诉讼，在举证规则、裁判认定上都有其特殊之处，目前，法律并未对其有特别的规定，导致不同法院有着不同的认识。例如对于业主大会做出决议的程序是否符合议事规则的举证，有的法院坚持谁主张谁举证原则，举证责任由业主承担，有的法院则认为业主大会掌握资料，应当由业主大会承担举证责任。而举证责任不同将直接影响裁判结果，对于这种情况需要做出统一的规定，方能实现裁判的统一。

房不胜防

（二）业委会的权限

业主在召开业主大会时，除通过议事规则、管理规约等外，还会选举出业委会，作为业主大会的常设执行机构。相比于业主大会的临时性，作为常设机构特别是拥有公章控制权的业委会在小区自治中有重要地位。如业委会以规则运作，小区自治就会实现良性管理，但如业委会不按规则运作，则容易导致小区管理混乱，这也是小区业主和业委会产生矛盾的原因。

业委会良性运作的核心在于厘清业委会的权限，业委会应在权限内按照议事规则运作，对于业主大会、业委会的权限在《中华人民共和国物权法》和《物业管理条例》中都有明确规定，在不违反法律法规的情况下，业主大会和业委会的具体权限主要依据小区的议事规则、管理规约等。对于业委会而言，其权限是根据规则明确列出的，对于超出规则所规定的事宜，如没有业主大会的授权，业委会是无权行使的。在本案中，根据议事规则，更换物业公司属于业主大会决议事宜，在没有业主大会决议的情况下，业委会擅自做出更换物业公司的决议违反了议事规则，该决议无效。

对于业委会超出权限做出的决议，业主可以向有关主管部门反映，也可以直接提起诉讼要求撤销决议，为了避免再次发生，业主要求召开临时业主大会，更换业委会。

（三）程序还是结果

本案法院在认定业委会未将表决票送达 30 名业主后，并未因此认定表决违反程序且无效，却认为即使排除该 30 名业主的表决票，最终的结果也是双双过半，表决有效。法院是按照结果来进行认定的，即使认为程序违法，也并不影响最终结果有效，这种结果至上的裁判思维，是对程序的忽视，投不投票是业主的权利，但至少应当保障业主享有投票权。

在裁判中，法院也一直强调，业委会本身作为小区自治组织，并非专业的组织机构，不能对其要求太严格，从维持整个小区的稳定而言，也应当对其工作持包容态度。上述裁判思维，看似维护了小区安稳，实则打破了业主们对议事规则的尊重，不利于小区的长治久安。

小区的美好建设离不开规则，并不能因为有些事"难"，有些事需要"稳"，而放弃对规则的坚持，从长远来看，小区治理只有坚持规则才能走得更好更远。业主大会以及业委会应在规则下公正、透明地运转，其可以不同意某些业主的观点，但至少要保障每个业主的知情权、监督权、投票权，让不同的观点得以体现，并依规则去解决。

房不胜防

面对一审、二审的不利后果，业主们并未采取聚众闹事等手段维护自己的权益，而是一边申请再审，一边申请召开临时业主大会，要求改选业委会。通过合法的途径维护自己的权益，在规则下解决问题，不能以违法的手段对待结果，否则易形成恶性循环，最终受害的也会是全体业主。

法 条 链 接

《中华人民共和国物权法》

第七十五条　业主可以设立业主大会，选举业主委员会。

地方人民政府有关部门应当对设立业主大会和选举业主委员会给予指导和协助。

第七十六条　下列事项由业主共同决定：

（一）制定和修改业主大会议事规则；

（二）制定和修改建筑物及其附属设施的管理规约；

（三）选举业主委员会或者更换业主委员会成员；

（四）选聘和解聘物业服务企业或者其他管理人；

（五）筹集和使用建筑物及其附属设施的维修资金；

（六）改建、重建建筑物及其附属设施；

（七）有关共有和共同管理权利的其他重大事项。

决定前款第五项和第六项规定的事项，应当经专有部分占建筑物总面积三分之二以上的业主且占总人数三分之二以上的业主同意。决定前款其他事项，应当经专有部分占建筑物总面积过半数的业主且占总人数过半数的业主同意。

第七十八条　业主大会或者业主委员会的决定，对业主具有约束力。

业主大会或者业主委员会做出的决定侵害业主合法权益的，受侵害的业主可以请求人民法院予以撤销。

《最高人民法院关于审理建筑物区分所有权纠纷案件具体应用法律若干问题的解释》

第十二条　业主以业主大会或者业主委员会做出的决定侵害其合法权益或者违反了法律规定的程序为由，依据物权法第七十八条第二款的规定请求人民法院撤销该决定的，应当在知道或者应当知道业主大会或者业主委员会做出决定之日起一年内行使。

房不胜防

无法分割
——参建的商铺

编
前

在房价持续上涨的时代，房屋成了紧俏商品，开盘的楼盘在人山人海中被一扫而光，狂热浮躁的气氛从住宅楼盘扩散到商办楼盘。预售许可制度也成了一纸空文，开发商拍到地，甚至未取得规划，便以各种联建、参建的名义出售房屋，而等热潮褪去，各种问题便集中爆发。

办案回眸

（一）参建协议

刘女士做服装生意，手中积累了一点儿"闲钱"，放在银行利息太低，投资股票风险又大，一直想找个合适的理财途径。此时，刘女士看到某著名开发商宣传的位于市中心的商铺。此商铺已取得用地，目前仍在建设中，但未取得预售许可。购房者须以参建的名义参与，签订合同并支付一半购房款，在取得预售许可证之后，参建协议转为预售合同，再支付剩余房款。参建协议规划附图便是每个商铺的详细位置。

刘女士觉得商铺位置很好，可以用来经营服装生意，即使想转手，也有很大的升值空间，具有投资价值，于是决定购买。商铺总价200万元，开发商称为了避税，参建协议约定180万元，另外20万元以渠道费的名义支付给销售经理冯某。眼见来看商铺的购房者这么多，刘女士便当天签订了参建协议，并支付了100万元，其中80万元支付至开发商账户，开发商出具收据，另外20万元以渠道费名义支付给冯某，冯某个人出具收据。

（二）拒绝履行

经过几年的等待，商铺终于办下了预售许可证，此时开发商并未通知刘女士将参建协议转为预售合同，并支付剩余购房款。刘女士只好主动催促，开发商答复相关手续正在办理，让刘女士再等等。转眼半年过去，等来的却是开发商的通知函，通知刘女士所参建的商铺，因无法取得预售许可证，令参建协议无效，故无法继续履行，可以退还参建款。此时，商铺市场价格已经达到400多万元，哪能仅退还房款这么简单，开发商明明取得了预售许可证，却以未取得预售许可证为借口。刘女士决定用法律维护自己的权益，所以前来咨询笔者。

笔者看了资料，为刘女士分析如下。第一，虽然双方签订的是参建协议，但根据协议的内容，参建协议实属购房合同，刘女士有权要求开发商继续履行参建协议。第二，虽在签订参建协议时开发商未取得预售许可证，但现在已经取得，故协议合法有效应当继续履行。第三，即使协议不履行，开发商也不应仅退还房款，而是还要支付房屋差价等损失，但由于开发商在签订参建协议时，已在协议中写明其未取得预售许可证，并未隐瞒这个事实，所以很难要求开发商承担已支付房款一倍的赔偿责任。

（三）无法分割

刘女士决定起诉，要求开发商继续履行参建协议，交付商铺。案件如期开庭，开发商答辩商铺的确取得了预售许可证，但该证是这一层商铺整体的预售许可证，并未取得将整层分割为独立商铺出售的预售许可。规划、住建等部门已明确答复，该层商铺只能整层出售并且办理产权，并不能分割后销售，参建协议附图仅是开发商自行规划分割商铺示意图，该图并未获得规划、住建等部门的审批。随后，刘女士申请法院调查取证，法院向规划、住建等部门进行了询问，其答复与开发商答复一致。至此，事实已经明确，法院也倾向认为协议难以履行，建议撤诉。

面对商铺无法分割的事实，笔者建议如下。现已确定商铺取得了整层的预售许可证，但商铺无法分割销售，即使开发商擅自进行分割交付商铺，该行为也是违反规划的，随时可能被取缔，并且也无法进行产权登记，协议履行的权益也得不到保障。从目前来看，协议难以继续履行，法院也很难予以支持，继续坚持下去可能会被法院驳回诉讼，所以从诉讼成本和效率方面考虑，刘女士可以撤诉，但另行起诉要求赔偿。

（四）消失的渠道款

刘女士最终决定撤诉，并另行起诉，要求解除合同，返还购房款 100 万元，赔偿房屋差价 200 万元。开发商主张现商铺未取得预售许可证，参建协议应属无效，另参建协议属于预约合同，刘女士仅支付部分购房款，无权主张房屋差价，并且仅收到刘女士购房款 80 万元。

开发商对冯某收取的 20 万元竟不予承认，而此时早已找不到冯某，刘女士手里只有冯某作为开发商销售经理的名片、冯某出具的收据、刘女士给冯某转账的凭证，这一点对刘女士非常不利。此外，房屋也经评估其市场价值为 360 万元。

笔者主张如下。第一，参建协议并非预约合同，其中关于商铺的位置、面积、价款等都有明确的约定，刘女士也已支付一半购房款，参建协议已构成正式购房合同。第二，参建协议并非无效，整层商铺已取得预售许可证，其协议应当合法有效，仅是商铺不能分割，导致合同目的难以实现，无法履行。第三，冯某作为开发商销售经理，在开发商售楼处，于签订合同当天收取 20 万元购房款，是代理开发商收取，也构成表见代理。第四，无论合同解除还是合同无效，原因在于开发商未经规划擅自分割出售商铺，开发商应当承担责任，赔偿房屋差价。

（五）折半又折半的赔偿

最终法院判决认定参建协议不属于预约合同，属于正式的商铺买卖合同，至起诉之日，虽整层商铺已取得预售许可证，但具体到本案标的商铺并未取得预售许可证，违反法律强制性规定，参建协议应属无效。本案刘女士主张除 80 万元外，还另行以渠道费名义支付给开发商 20 万元，开发商不予认可，20 万元并非转入开发商账户，开发商亦未出具收据，刘女士提供的证据亦不足以认定张某构成表见代理，故本院认定商铺总价 180 万元，刘女士支付购房款 80 万元，协议无效，开发商应将 80 万元返还给刘女士。开发商作为房地产开发企业，明知未取得预售许可证还予以出售，应承担主要责任，刘女士明知未取得预售许可证还予以购买，也有过错，也要承担相应责任。对于协议无效造成的损失即商铺差价 180 万元，双方按照各自的过错承担责任，另考虑到刘女士仅支付部分房款并非全款，本院酌情，开发商应赔偿刘女士房屋差价损失 60 万元。

笔者认为一审法院认定存在明显的错误，特别是关于房屋差价损失的认定，本案明显是开发商未取得商铺分割规划许可，却擅自将商铺分割销售，应承担责任。另外刘女士未支付剩余购房款的原因在于开发商违法销售商铺，该责任不应当由刘女士承担，在已经按照各自过错承担责任之后，法院不能再一次将责任划分给刘女士，将房屋差价折半又折半。

刘女士提起上诉，二审法院予以维持，刘女士走上了漫长的再审、抗诉之路。

办 案 解 析

（一）参建协议

开发商为了规避预售监管，在未取得预售许可证的情况下，便以参建的方式，将房屋出售给购房者，与购房者签订参建协议或合作开发合同，购房者提供参建款，不承担经营风险，只获得房屋，该种参建协议或合作开发合同，名为参建或合作开发，实质为房屋买卖合同，法院也会按照房屋买卖合同予以处理。

参建协议内容的不同会导致对参建协议的性质有不同的认定。如果只是约定交付少部分房款，后续再签订合同，且并未对房屋的价款、位置、剩余房款支付时间等进行约定，一般会被认定属于认购、订购等预约合同，而如果对房屋价款、位置、剩余房款支付时间进行了约定，具备了《商品房销售管理办法》第十六条规定的主要内容，并支付了一定的购房款，一般会被认定构成买卖合同。

（二）渠道费

开发商为了规避价格监管或避税，或营造市场紧俏的氛围，往往不会将房屋价格如实写在合同中，而是将部分房款单独以渠道费或其他的名义收取，并且该款项并不直接转入开发商账户，而是转入销售人员或中介公司的账户，开发商也不会对此出具收据。

如果合同正常履行，渠道费一般不会出现什么问题。但当合同难以履行，面临房款返还时，如果开发商不承认收取过渠道费，购房者则会处于不利地位，如果此时又无法证明销售人员或中介公司构成表见代理，则渠道费很难被法院认定为购房款，而此时销售人员或中介公司往往不见踪影，导致渠道费难以追回。

另外，开发商会按照其账户中实际收到购房者支付的购房款出具发票，不包括渠道费。而购房者再将房屋转让，特别是商办类房屋转让的时候，政府会按照差价收取高额的税费，即按房屋转让价格减去购买价格收取税费，而购买价格是按照开发商出具的发票价格计算，如不将渠道费算入，对于购房者来说要交纳更多的税费。

所以购房者要坚持将全部房款以购房款形式支付，并让开发商出具发票，而不能将部分房款以渠道费形式支付，如果非要将部分房款以渠道费形式支付到第三方账户，也要让开发商出具该渠道费属于购房款的说明。

（三）分割销售

开发商出售的房屋应当是能够单独进行产权登记并出售的房

屋，即在规划、销售、竣工、产权登记中是独立的主体。但有的开发商在并未取得规划的情况下，便擅自将房屋出售，如本案中的开发商，在商铺分割未经规划批准的情况下，便擅自制图分割商铺并出售，导致商铺建成后却不能分割，无法取得产权证，合同无法继续履行，购房者无法得到商铺。

购房者在购买房屋时，特别是在购买商铺的时候，应当查明房屋是否可以分割出售，是否取得独立的规划、出售、产权登记许可，否则容易竹篮打水一场空。

（四）房屋差价损失

在房屋买卖过程中，合同解除或认定合同无效之后，除了处理购房款外，也面临损失赔偿的问题，这里的损失赔偿主要是指房屋差价的损失。如双方无法就房屋差价达成一致，有的法官会要求对房屋进行评估，有的会进行询价，即法官向有关中介机构询问价格，有的会将当事人提供的周边房屋市场价格作为参考，在房屋差价确定之后，法官会根据双方的过错程度等进行分配。

本案一审法院在根据双方过错程度进行分配之后，又根据刘女士仅支付了部分房款而并非全款，再一次对房屋差价进行分配。未付全款的责任并不在于刘女士，而是在于开发商，法院将责任归于刘女士，并因此对房屋差价再进行分配，该认定并不合理。

本案中刘女士出资 100 万元，几年内房价涨了 180 万元，最终刘女士未获得商铺，折腾了许久也只拿回了 140 万元，还走上了再审、抗诉之路。对于开发商而言，这可能仅是一个商铺问题，而对于刘女士来说却是很大的投资。作为刘女士的律师，笔者面对这个结果也很无奈，虽然也已尽力，但总觉得怅然若失。

法 条 链 接

《中华人民共和国合同法》

第五十八条 合同无效或者被撤销后，因该合同取得的财产，应当予以返还；不能返还或者没有必要返还的，应当折价补偿。有过错的一方应当赔偿对方因此所受到的损失，双方都有过错的，应当各自承担相应的责任。

《最高人民法院关于审理涉及国有土地使用权合同纠纷案件适用法律问题的解释》

第二十五条 合作开发房地产合同约定提供资金的当事人不承担经营风险，只分配固定数量房屋的，应当认定为房屋买卖合同。

《最高人民法院关于审理商品房买卖合同纠纷案件适用法律若干问题的解释》

第二条 出卖人未取得商品房预售许可证明，与买受人订立的商品房预售合同，应当认定无效，但是在起诉前取得商品房预售许可证明的，可以认定有效。

第五条　商品房的认购、订购、预订等协议具备《商品房销售管理办法》第十六条规定的商品房买卖合同的主要内容，并且出卖人已经按照约定收受购房款的，该协议应当认定为商品房买卖合同。

第九条　出卖人订立商品房买卖合同时，具有下列情形之一，导致合同无效或者被撤销、解除的，买受人可以请求返还已付购房款及利息、赔偿损失，并可以请求出卖人承担不超过已付购房款一倍的赔偿责任：

（一）故意隐瞒没有取得商品房预售许可证明的事实或者提供虚假商品房预售许可证明；

（二）故意隐瞒所售房屋已经抵押的事实；

（三）故意隐瞒所售房屋已经出卖给第三人或者为拆迁补偿安置房屋的事实。

《商品房销售管理办法》

第十六条　商品房销售时，房地产开发企业和买受人应当订立书面商品房买卖合同。

商品房买卖合同应当明确以下主要内容：

（一）当事人名称或者姓名和住所；

（二）商品房基本状况；

（三）商品房的销售方式；

　　　　　　　　　　　　　　　房不胜防

（四）商品房价款的确定方式及总价款、付款方式、付款时间；

（五）交付使用条件及日期；

（六）装饰、设备标准承诺；

（七）供水、供电、供热、燃气、通讯、道路、绿化等配套基础设施和公共设施的交付承诺和有关权益、责任；

（八）公共配套建筑的产权归属；

（九）面积差异的处理方式；

（十）办理产权登记有关事宜；

（十一）解决争议的方法；

（十二）违约责任；

（十三）双方约定的其他事项。

路漫漫
——成立业委会

随着城市的发展，有大量的小区兴建，小区业主与物业公司、开发商产生纠纷的情况越来越多。为了更好地维护自己的权益，业主们只有成立业委会，而这有可能妨碍既得利益者，于是原本只要按照程序进行的流程，却暗流涌动。

编前

办 案 回 眸

（一）辞职的业委会

早在几年之前，刚交房不久，小区便在开发商和物业公司的帮助下召开了首次业主大会，通过了议事规则、管理规约，成立了业委会，并选举出 5 名业委会成员。当时业主们刚入住小区，彼此不熟悉，寻思成立了业委会，可以有个代表自己的组织，便支持成立业委会，选举了 5 名热心业主作为业委会成员。

房 不 胜 防

业委会初期的工作也算可圈可点，代表业主向开发商、物业公司主张业主的权益。但随着业主与开发商、物业公司的矛盾越来越多，业主们发现业委会只能在一些小事上维护业主权益，而在要求开发商、物业公司返还公共设施，因物业服务质量低而要求更换物业公司等大问题上，业委会便视而不见，也不采取任何措施。

随着业主们不断地质疑，越来越多的证据显示，5名业委会成员或多或少与开发商、物业公司有关系。最初也是在开发商和物业公司的大力支持下，选出5名业委会成员并召开业主大会。有可能成立业委会便是开发商和物业公司策划的，让与其利益相关者当选业委会成员，以实现对小区的控制。

越来越多的业主要求业委会召开临时业主大会，改选业委会成员。在此压力下，业委会成员陆陆续续提出辞职，随着业委会主任提出辞职，首届业委会5名成员在任期不满两年时便已全部提出辞职，业委会名存实亡。

（二）街道办不理睬

经过小区业主的推荐，几名热心业主便代表大家张罗业委会的选举，并向街道办提出申请，要求街道办协助召开业主大会，选举新一届业委会。街道办面对申请，不置可否，而且一次次拖延，物业公司也禁止业主在小区张贴宣传选举新一届业委会等资料。外有街道办不理睬，内有物业公司捣乱，可见幕后阻碍此事的势力很强大，如果一直拖延下去，业主们的热情被消耗殆尽，后续就很难开展工作了。

业主代表决定不能这样耗下去，于是找到笔者咨询，笔者看了材料后，分析如下。第一，小区议事规则中，针对这种业委会成员全体辞职的情况并未进行规定，只能按照其他相关规定来。依据相关规定，在业委会成员全体辞职后，应当由监事会来主持工作，现小区没有监事会，则应当由街道办协助业主召开业主大会，选举业委会成员。第二，街道办如何协助召开业主大会，并没有相关规定，但可以参照召开首次业主大会流程，由20%的业主向街道办提出协助召开业主大会申请，成立筹备组。现在，首要任务是组织至少20%的业主联名向街道办提出申请，只要成立筹备组，后续工作便好进行。第三，针对街道办不接收的情况，将书面申请邮寄给街道办，如街道办60日内还未给答复，则提起行政诉讼，要求街道办履行法定职责。

随后，业主代表们征集了25%的业主，联名向街道办邮寄申请，街道办签收后，迟迟不给答复。

（三）成立筹备组

在几次沟通没有结果的情况下，60日内街道办也未给答复，业主们推选代表，提起了行政诉讼，要求街道办协助召开业主大会。在进入诉讼后，街道办面对自己不作为可能面临的败诉风险，最终双方经协商，业主撤诉，街道办协助成立筹备组，召开业主大会。

街道办一改过去不理睬的态度，积极协助业主成立了筹备组，并指定居委会主任任筹备组组长，几名业主代表被推荐为筹备组成员。有了筹备组，后续工作的展开比较顺利，拟定了业主大会召开方案，修改了议事规则、管理规约，组织了业委会成员候选人报名。

（四）欠缴物业费

在拟定业主大会召开方案，修改议事规则、管理规约的过程中，遇到了一个问题，由于首次议事规则是在开发商、物业公司等操控下完成的，在议事规则中规定欠缴物业费的业主没有投票权。而实际上，目前由于物业公司服务质量低下，许多业主已经不交纳物业费，有的业主现在交纳物业费却被物业公司拒收，物业公司也想据此阻碍业主大会的召开。

笔者建议如下。第一，虽然首届业委会成员均已辞职，但业委会不存在并不等于首次业主大会通过的议事规则无效。在未经业主大会决议出新的议事规则之前，首次议事规则依然有效，本次召开业主大会也要按照首次议事规则规定进行。第二，首次议事规则规定，欠缴物业费的业主没有投票权。对于这一问题有不同的看法，有的认为议事规则是业主决议做出的，应当严格按照议事规则进行。有的认为，不应将业主的投票权与是否交纳物业费挂钩，议事规则中的规定限制了业主的投票权，应属无效。在存在争议的情况下，为了规避后续可能产生的风险，建议业主先交纳物业费，有的业主还不愿交纳，也应当先保证他们的投票权，如后续提出异议，只能通过诉讼解决，如果现在就将未交纳物业费的业主排除，则业主大会也很难召开。第三，这次修改议事规则要对这些限制条件做修改，在本次业主大会决议生效后，再做决议便可按照新的议事规则进行。

筹备组按照流程，修改议事规则、管理规约、组织业委会成员候选人报名，发送选票，回收选票，统计票数，最终业主大会决议议事规则、管理规约均双双过半予以通过，也按照票数选举出 5 名新的业委会成员，成立新一届业委会。

（五）不予备案

经过几个月的努力，新一届业委会终于成立，业委会成员也推选出了业委会主任，按照规定将准备好的材料向街道办申请备案。在急切地等待中，等到的街道办的答复却是部分业主以及物业公司对该业主大会决议提出异议，认为许多业主欠缴物业费，却在本次业主大会决议中投票并作为有效票予以统计，根据议事规则，上述票数应属无效，经街道办核实，排除欠缴物业费业主票数，本次投票均未过双双过半，业主大会决议无效，对业委会不予备案。

当初欠缴物业费的担心，最后还是被街道办利用，以此为由不予备案。业委会没有了退路，只能提起诉讼，要求撤销不予备案通知，判令办理备案登记手续。街道办答辩除了欠缴物业费的业主没有投票

房不胜防

权之外，还主张业委会未经备案，没有原告资格。

笔者主张如下。第一，业委会经业主大会决议依法成立，业委会的成立不以是否经过街道办备案为准。备案仅是业委会依法向街道办申请确认地位的行为，街道办不予备案，业委会作为原告具有起诉的权利。第二，依据相关规定，业委会申请备案只需要按照规定，提交选举报告、大会决议、议事规则、管理规约、业委会成员名单等材料，只要上述材料齐全，街道办就应当予以备案。也即街道办只能对材料是否齐全进行形式上的审查，并不能对业主是否具有投票权，投票权是否合法等进行合法性、实质性审查，街道办明显超出了法律规定的权限。第三，即使街道办可以对业主投票权进行合法审查，首次议事规则中关于未交纳物业费便没有投票权的规定也应被认定为无效，业主投票权源于业主物权人的身份，是业主基于建筑物区分所有权享有的天然性权利，该权利不应当被剥夺。首次议事规则是在开发商、物业公司等操控下通过的，以此来限制业主权利，如今物业公司服务质量低下，甚至以拒收物业费来阻挠业主大会召开，如果街道办以物业公司出具的欠缴物业费名单来限制业主投票，则将导致无人监督物业公司，业主权益难以得到保障。

（六）苦尽甘来

经过庭审，最终法院认定，根据相关规定业委会应当向街道办备案，但并未规定备案行为对业委会是否成立有何影响，故业委会是否成立不以备案机关是否备案为依据，业委会具有原告主体资格。根据相关规定，并未赋予街道办对备案事由进行合法性审查，备案仅仅是对业委会法律地位的确认，便于后期对其进行监督、管理。本案街道办认为部分业主因未交纳物业费所以其投票无效，街道办的上述审查意见系对业委会的成立进行了合法性审查，超越了法定职权，不予备案通知应当予以撤销。鉴于业委会提交的材料是否齐全并符合相关规定，还需要街道办进行审查，业委会要求法院判令街道办为其办理备案登记手续的请求不予支持，责令街道办在法定期限内对业委会的申请重新做出处理。

判决后，街道办未上诉，并在法定期限内对业委会了备案登记，业委会进行备案登记后，按照新议事规则召开了业主大会，通过表决更换了物业公司。小区业主解决了重重困难后，终于迎来了曙光。

办案解析

（一）成立业委会流程

本案是因为首届业委会在任期内全体辞职，导致业委会名存实亡，业主才申请重新成立业委会。在实践中还有业委会到期后，未能完成换届选举导致业委会名存实亡，业主才申请重新成立业委会。对于上述两种情形具体以何种程序成立业委会，法律法规

房 不 胜 防

并没有相关规定，实践中也都按照首次成立业委会的流程进行。

首次成立业委会流程在全国性规定中主要有《中华人民共和国物权法》《物业管理条例》《业主大会和业主委员会指导规则》等，除此之外，许多地方都有其自己的细则规定。

成立业委会有以下主要流程：业主向街道办提出申请，成立筹备组，筹备组组织召开业主大会，其中包括起草议事规则、管理规约、业委会成员选举等，进行票数统计，做出业主大会决议，通过议事规则、管理规约，选举出业委会成员，业委会成员再推选出业委会主任，准备好选举报告、大会决议、议事规则、管理规约、业委员成员名单等向街道办申请备案，取得备案后，向公安机关申请刻章。

上述内容仅是业委会成立的一般流程，实际上比这复杂得多，比如仅业主身份的确认便存在不同的情况，如果再遇到物业公司、街道办的阻挠，业委会的成立更加困难，此时作为提供法律服务的律师，不仅仅要死记硬背业委会成立的流程，更需要灵活地理解和运用。

（二）街道办

在业委会成立过程中，涉及的行政机关主要是街道办、镇政府或房管局等有关部门。街道办在业委会前期成立筹备组和后期备案中都拥有否决的权力，而这些对业委会的成立都十分重要。

在实际中，许多街道办对业委会的成立持不予支持的态度，甚至有的持反对态度。街道办会在成立筹备组和备案中拖延不作为，甚至直接否定，如本案中的街道办以种种理由进行阻挠，而业委会的成立也步履维艰。

对于业主申请成立筹备组和备案，街道办经常以不接收材料，或材料经审核不合格等理由予以否定。对于不接收材料或接收材料之后不予答复，街道办明显构成行政不作为，法院也较容易认定。但对于街道办关于申请材料的审核，在实践中有着不同的认识，有的认为街道办按照相关规定只能对材料是否齐全进行形式上的审查，只要材料符合规定，街道办就应当予以批准。有的则认为鉴于目前业委会成立过程中的混乱，街道办作为监管机关，应当对业委会的成立进行实质合法性审查，不仅审查材料是否齐全，更应当对材料是否合法进行审查。

笔者认为，依据相关规定，业委会成立过程中只要将规定的相关材料提交给街道办，街道办进行形式上的审查即可，只要形式上符合规定，便应当予以批准，而不能擅自扩大审查范围。如果业委会在成立过程中存在违法行为，侵害了业主的权益，受侵害的业主可以自行通过司法途径寻求帮助，来抑制违法行为，维护自身权益。

（三）成立业委会诉讼

如前所述，在业委会的成立过程中，街道办在成立筹备组和备案中拥有否决的权力，当街道办不予同意的时候，业主只能提

房不胜防

起诉讼。在诉讼中，被告是街道办无疑，而对于谁具有原告资格存在一定争议。

在关于申请成立筹备组诉讼中，此时业委会还未产生，原告只能是业主，但对于只能是全体申请业主提起或推荐代表提起，还是只要申请名单上某一个或几个业主便可以提起，存在一定争议。笔者认为，不需要全体申请业主一起提起或推荐代表提起，街道办不作为，直接侵害了申请名单中每一名业主的权益，申请名单中任何一名业主或几名业主联合都可以提起诉讼。

在业委会备案诉讼中，此时业委会经业主大会决议产生，但还未备案，此时关于业委会主体资格存在争议，如本案中，街道办便认为此时业委会还未成立，不具备诉讼资格。但实践中还是倾向认为业委会经业主大会决议就已产生，对于街道办不予备案的行为，直接侵害了业委会的权益，业委会具有原告主体资格。

在诉讼中，业主或业委会要提供向街道办提出过申请及申请材料的证据，剩下的则主要由街道办进行举证，举证证明为什么不同意。

许多人认为与成立业委会相关的法律服务只要按程序一步步来，就不会很难，就笔者体验而言，成立业委会相关的法律服务并不比其他类法律服务轻松，它兼有非诉和诉讼法律服务的特点，既需要全面、细致、严谨，又需要在面对阻碍时，能找到最佳的诉讼方案。在业委会成立过程中，往往是解决一个问题，又面临另外一个问题，特别当政府持不支持态度时，更是难上加难。业委会的成立，实际上有助于政府对小区的治理，政府应当持宽容的态度予以支持。在成立业委会的过程中，还有很长的路要走。

法 条 链 接

《中华人民共和国物权法》

第七十五条　业主可以设立业主大会，选举业主委员会。

地方人民政府有关部门应当对设立业主大会和选举业主委员会给予指导和协助。

《业主大会和业主委员会指导规则》

第九条　符合成立业主大会条件的，区、县房地产行政主管部门或者街道办事处、乡镇人民政府应当在收到业主提出筹备业主大会书面申请后 60 日内，负责组织、指导成立首次业主大会会议筹备组。

房 不 胜 防

第三十一条　业主委员会由业主大会会议选举产生，由5至11人单数组成。业主委员会委员应当是物业管理区域内的业主，并符合下列条件：

（一）具有完全民事行为能力；

（二）遵守国家有关法律、法规；

（三）遵守业主大会议事规则、管理规约，模范履行业主义务；

（四）热心公益事业，责任心强，公正廉洁；

（五）具有一定的组织能力；

（六）具备必要的工作时间。

第三十三条　业主委员会应当自选举产生之日起30日内，持下列文件向物业所在地的区、县房地产行政主管部门和街道办事处、乡镇人民政府办理备案手续：

（一）业主大会成立和业主委员会选举的情况；

（二）管理规约；

（三）业主大会议事规则；

（四）业主大会决定的其他重大事项。

蜀道难
——公房承租人变更

编前

在一定时期，由于一些原因，除了完全产权商品房之外，还存在一种特殊的房屋——公房。公房分为直管公房和自管公房，其产权归国家、集体或单位，由产权人将房屋出租给个人或者员工，作为承租人除了不享有处分权之外，享有占有、使用等权利，如遇到房改，还可以低价格购买房屋，待承租人死亡或外迁后，符合一定条件的其他共同居住人还可以申请变更。由于公房本身的特殊性，既可以申请"继承"，又不能完全随意"继承"，导致公房承租人变更存在种种争议。

办 案 回 眸

（一）居住的公房

由于父母离异，杨女士从小就和爷爷奶奶居住在一起，居住的房屋是爷爷从单位承租的公房。虽然缺少父母的关爱，但杨女士在爷爷奶奶的爱护下快乐成长。杨女士记忆中最快乐的日子便是放学后，在屋前树下，依偎在爷爷奶奶的身旁听故事。

时光荏苒，随着杨女士长大，爷爷奶奶也渐渐老去，奶奶在2004年去世，爷爷在2009年去世，爷爷奶奶去世后，杨女士独自一人居住在房屋内，并以爷爷的名义交纳租金。

转眼到了2014年，房屋所在地区涉及棚户区改造，被纳入征收范围，杨女士的左邻右舍纷纷按照房改政策将房屋买私，或直接以承租人的名义与政府签订房屋补偿协议。杨女士虽一直居住在房屋内，户籍也登记在房屋中，但爷爷去世后，杨女士一直未申请房屋承租人变更，此时房屋承租人还是爷爷，为了正式以承租人的名义签订补偿协议，杨女士准备了户籍证明、爷爷奶奶的死亡证明等向房屋经营公司申请公房承租人变更。

（二）其他家庭成员

杨女士提交申请变更资料后，心想符合条件的就她一个人，应该很快就会通过，等来的结果却是不予变更，理由是经初步审核，其他家庭成员杨某提出异议，不同意杨女士变更承租人。

杨女士打电话给其二叔杨某，杨某表示是他提出了异议，认为自己户籍也登记在房屋中，他才是第一顺位继承人，房屋承租人变更也应当变更到他名下。杨某早不提晚不提，此时提起，明显是冲着巨额的房屋征收补偿利益而来。

杨女士咨询了律师，有的律师也表示杨某户籍在房屋中，作为第一顺位继承人对于房屋也具有申请变更的权利。此时，杨女士有点心慌，难道自己从小居住的房屋自己竟没有权利申请变更。

　　杨女士找到笔者，笔者听完讲述，分析如下。第一，根据材料判断，房屋属于直管公房，由区政府委托房屋经营公司管理。第二，由于房屋属于公房，杨女士的爷爷只是承租人，不是所有权人，房屋是不能按照继承法进行继承的，只能申请公房承租人变更。第三，公房承租人变更也不是按照所谓的第一、第二顺位继承人等顺序，房屋承租人变更根据公房租赁合同，有其自己的特殊规定。根据租赁合同，申请变更的申请人需要同时满足：同一户籍，共同居住两年以上，无其他住房，其他家庭成员无异议。只有同时满足上述四个条件方可变更。第四，四个条件中的其他家庭成员无异议，该家庭成员是指必须满足前三个条件的家庭成员，并不是所有的家庭成员。从材料来看，杨女士、爷爷、奶奶、杨某共计四个人户籍都登记在房屋中，但杨某并未居住在其中，并且也另有住房，杨某不是合同所规定的家庭成员，其没有权利提出异议。房屋经营公司根据杨某提出的异议，做出的不予变更答复没有事实和法律依据。第五，房屋是直管公房，房屋经营公司仅是受区政府委托管理，被告应当是区政府，区政府对于公房承租人变更的审批是一种具体的行政审批行为，杨女士可以直接将区政府作为被告，提起行政诉讼，要求撤销不予变更答复，依法予以变更。

（三）起诉区政府

杨女士将区政府作为被告起诉，要求撤销不予变更答复，依法予以变更。在诉讼中，区政府提供了杨某异议声明和户籍证据，但并未提供共同居住两年以上和无其他住房证据。区政府认为，通过户籍可以证明杨某和杨女士同登记在房屋内，属于其他家庭成员，杨某提出异议，区政府据此做出不予变更答复并非不当。

经过审理，法院认定房屋经营公司是受区政府委托进行直管公房管理，区政府应作为被告，本案是区政府对公房变更申请的审批，属于行政诉讼受案范围。依据公房租赁合同，租赁期限内，承租人外迁或死亡，承租人同一户籍共同居住两年以上又无其他住房的家庭成员愿意继续履行原合同，其他家庭成员又无异议的，可以办理更名手续。本案争议焦点在于其他家庭成员如何定义，本院认为应当先满足同一户籍、共同居住两年以上和无其他住房才能构成其他家庭成员，本案中杨某仅向区政府提供同一户籍证明，并未提供共同居住两年以上和无其他住房证明，区政府便认定杨某属于其他家庭成员，据此做出不予变更答复，未尽到审查义务，不予变更答复应撤销。对杨女士是否符合变更条件，应当先由区政府进行审查，杨女士关于判令予以变更诉求，本院不予支持，判令区政府重新对杨女士申请做出答复。

（四）居住证明

法院判决后，区政府未上诉，要求杨女士除提供同一户籍证明外，还要提供居委会出具的共同居住两年以上和住建委出具的无其他住房证明，以便重新做出答复。

　　杨女士去居委会要求开具共同居住两年以上的证明，没想到从小看着杨女士长大的居委会主任表示，因为该地区现处于征收区域，上级政府已经多次强调不准居委会开具任何居住证明，虽然杨女士的确一直居住其中，但居委会也不能开具居住证明。在居委会碰壁后，杨女士又去住建委要求开具无其他住房证明，住建委表示如果杨女士名下有某套房屋，则可以开具名下有某套房屋证明，但开具不了名下无其他住房证明。杨女士多次和居委会、住建委沟通后，仍是无果，陷于胶着状态，此时离区政府要求重新提交材料的期限也越来越近了。

　　笔者建议如下。第一，根据租赁合同规定，共同居住两年以上和无其他住房的证明，并未要求必须由申请人提供，也并未要求必须由居委会和住建委出具，区政府要求必须提供由居委会和住建委出具证明并没有依据。第二，杨女士已根据区政府要求，前去居委会和住建委开具证明，但居委会和住建委表示无法开具，该不能开具的原因并非由杨女士造成。第三，关于居住证明，居委会不能开具，又没有物业公司，只能用其他证据予以证明，房屋租金、水电费交纳凭证，邻居证言等证据。关于无其他住房证明，杨女士可以以购房者名义，申请购房资格审核，从审核结果中可以证明无其他住房。将上述材料提供给区政府，如区政府还不予变更，只能再起诉。

　　　　　　　　　　　　　　　　　　　　　房不胜防

杨女士将材料提交给区政府后，区政府重新做出答复，鉴于杨女士并未提交居委会开具的居住证明，无法证明杨女士与其爷爷共同居住满两年，不符合变更条件，不予变更。

看来区政府认可了杨女士通过购房资格审核方式提供的无其他住房证明，但对于房屋租金、水电费交纳凭证、邻居证人等证据还是不予认可，看来只能再起诉了。

（五）第二次起诉

杨女士又一次将区政府告上法庭，要求撤销不予变更答复，责令予以变更。区政府答辩杨女士并未提供居委会开具的杨女士和其爷爷共同居住两年以上证明，不符合变更条件，不予变更。

笔者主张如下。第一，根据公房租赁合同，并未要由杨女士提供证明，区政府作为变更审批机关，可以主动对杨女士的相关情况进行审查核实，其可以主动去居委会调查。第二，杨女士也已按照区政府的要求前去居委会开具证明，但居委会表示因涉及征收，导致居住证明无法开具，但如区政府前去查问，居委会主任愿意口头证明。杨女士已多次申请区政府前往查问，但区政府不予前往。第三，即使由杨女士提供居住证明，也没有任何规定必须提供居委会开具的证明。杨女士已经提供房屋租金、水电费交纳凭证，以及邻居证言，完全可以证明杨女士的居住情况，满足变更条件。

法院判决认定根据公房租赁合同，区政府具有审批权力，杨女士应该根据区政府要求提供居委会开具的其与爷爷共同居住两年以上的证明，而杨女士并未提供上述居住证明，区政府依法做出不予变更答复未有不当，驳回杨女士诉求。

一审法院对于其他并未进行论述，就凭着上述简单的论述便进行了认定。杨女士提起了上诉，二审法院最终还是维持一审判决，认为杨女士应当提供居委会开具的证明才行。

杨女士拿着判决书又多次去找居委会，居委会表示还是不能开具，在漫漫的申请之路上，不知何时能对承租人予以变更。

办案解析

（一）公房

公房又称公有住房，分为直管公房和自管公房。直管公房是指产权归国家或集体，由各级政府直接或委托有关部门管理的房屋。自管公房是指产权归单位，由单位承租给员工，直接由单位进行管理的房屋。

公房主要是20世纪留下的产物，在商品房之前，公房是居民主要的居住房屋。公房的所有权属国家、集体或单位，承租人享有居住、使用的权利，承租人只需交纳少量租金。如遇房改，承租人可以低价格购买公房，将公房转为私房，承租人对房屋享有所有权。虽承租人对公房仅享有承租权，但如遇到征收等，承租

房不胜防

人只需低价格买私或直接以承租人的身份作为被征收人，绝大部分补偿都属于承租人。

20 世纪的公房随着被买私或征收等，正在慢慢退出历史舞台，但随着房是用来住的，保障老百姓的居住权等，新型公房目前也在国家大力支持下兴起，如何理清新型公房产权、规范使用等，也都是需要完善的。

（二）公房承租人变更

如前所述，由于公房的所有权并不属于承租人，所以公房不能继承，但根据相关规定，符合一定条件的共同居住人可以申请变更承租人。就北京市而言，根据北京市公房租赁合同，在租赁期限内，承租人外迁或死亡，承租人同一户籍共同居住两年以上又无其他住房的家庭成员愿意继续履行原合同，其他家庭成员又无异议的，可以办理更名手续。

根据上述规定，申请公房变更至少应当满足与原承租人同一户籍、共同居住两年以上、无其他住房、其他家庭成员无异议等四个条件。但对于该四个条件由谁来证明，证明到如何程度，并没有相关规定，主要由审批部门来认定，比如共同居住两年以上，就必须明确是与原承租人从去世往前推至少 2 年共同居住。关于其他家庭成员如何认定，有的认为只要同一户籍即可，有的认为必须满足前三个条件才行。相关的证明也必须由指定的机构提供，在本案中，区政府就要求必须是居委会开具的证明，其他材料不予认可。

正是由于并没有相关规定，也没有对变更的条件进行详细规定，导致在实践中往往产生争议，申请变更人一般很难完全按照要求提供相应材料，这就需要有关机构出具规范的变更说明，以此来规范变更的认定。有关机构在规范变更认定上，也应当从实际、简化、实质上进行规范，而不能从形式上进行规范，增加申请变更人的负担。

（三）公房诉讼

如前所述，关于公房的规定并不是很多，也经常容易产生争议，当产生争议后，由于公房本身性质的原因，在实践中法院是否应当受理，是以民事还是行政诉讼受理也存在一定争议。

关于上述问题，也没有全国性的统一规定，主要由各地区规定，就北京市而言，如果是在公房承租合同履行过程中，关于房屋保护、维修、房屋租金交纳等问题产生的争议，属于平等民事主体之间的纠纷，法院作为民事案件立案受理。而对于公房共同居住人申请公房承租人变更等纠纷，此时双方并不是平等的民事主体地位，如果是直管公房，法院应当以行政案件受理，应以政府公房管理部门或法律、法规、规章授权的组织为被告。如果是自管公房，则许多法院认为该行为属于单位内部审批权力，即不属于民事案件，也不属于行政案件，法院不应当受理。

随着新型公房的大量建设，在实际承租中也可能产生大量的

房不胜防

纠纷，也急需有关部门对公房案件受理范围、如何审理等做出统一的规定。

<table>
<tr><td>编 后</td><td>"蜀道难，难于上青天。"杨女士也没有想到，原以为很简单的公房承租人变更竟如此难，自己明明符合各种条件，却难以实现变更。如今，杨女士依然居住在公房里边，每当区政府征收工作人员要求承租人出面谈补偿问题时，杨女士只能苦笑，征收要求承租人，申请变更承租人，要求提供居住证明，因为处于征收时期则难以提供居住证明，如今成了一个死循环，好像各方要求都挺有道理，那错的只能是杨女士了，而杨女士只能无奈地笑笑。</td></tr>
</table>

法 条 链 接

《北京市公有住宅租赁合同》

七、租赁期限内，乙方外迁或死亡，与乙方外迁或死亡时同一户籍共同居住两年以上又无其他住房的家庭成员愿意继续履行合同，其他家庭成员又无异议的，应由符合变更承租人条件的家庭成员向甲方提出书面申请，甲方审核后办理更名手续，并签订新的租赁合同。

《北京市高级人民法院关于因直管公房租赁引发纠纷的受理问

题的意见》

一、直管公房承租人与政府公房管理部门或直管公房经营管理单位在履行直管公房租赁合同过程中，因违反合同规定的房屋保护、维修、房屋租金交纳、承租人变更等权利义务发生的纠纷，由于双方法律地位平等，应作为民事案件立案受理。

二、直管公房承租人、承租人的共同居住人与政府公房管理部门或直管公房经营管理单位发生的以下纠纷，由于涉及政府公房管理部门或直管公房经营管理单位依据其房管职权审查当事人承租资格问题，具有行政管理性质，双方法律地位不平等，应作为行政案件立案受理：

（一）直管公房承租人死亡后，承租人的共同居住人对政府公房管理部门或直管公房经营管理单位依职权变更直管公房承租人不服提起的诉讼；

（二）直管公房承租人或承租人的共同居住人认为符合直管公房租赁变更条件，请求政府公房管理部门或直管公房经营管理单位变更直管公房租赁关系，政府公房管理部门或直管公房经营管理单位不予变更产生纠纷提起的诉讼。

房不胜防